新装版

禁書

白魔術の秘法

エミール・シェラザード＝編著

二見書房

まえがき

魔法を研究するようになってから長い時が流れた。

そのきっかけはといえば、『サムエル書』に出会ったことである。この書は神戸の古書店の棚でホコリをかぶったまま、ひっそりと眠っていた。今から約二十数年前の夏のことだった。

サムエル書とは、イスラエルの王国時代を前後し、預言者サムエルの物語を記した旧約聖書の正典のことである。

その中にエンドルの魔女なる文献があり、登場する魔女が呪術を施す。そのさまざまな魔法のおもしろさの虜になり、その後、本を読みあさっては魔法についての雑学をふやしていったのである。

本書のなかにあらわれる呪法・呪術はほとんど白魔術である。私の魔法研究科目の中には黒魔術もある。しかし、ここでは白魔術のみ紹介させていただいた。いたずらに黒魔術を試み、身上に危険なことが迫ってはならないからである。

もしあなたが心から願い、魔法に念を集中することができれば、必ずよい結果を手にする日がやってくることだろう。それほど、人という生命体の持つエネルギーは強い。まさに「願えば叶う」という言葉そのものである。

魔法は、心の中に眠る自己可能性の最大限の状態を引き出してくれる術のひとつである。自分の可能性を考え、魔法を真摯に受けとめ、真面目な態度で臨んで欲しい。その時にはもう、あなたは立派に魔法を操っていることだろう。

21世紀を迎え、科学万能の時代がやってくる、とも言われている。しかし、魔法の世界がすべて明らかにされることはあり得ないだろう……。科学の手が届かぬ神秘のベールの中で、永遠の自由を手に入れ、はばたき続けてゆくのが本当の魔法だと私は信じている。

エミール・シェラザード

目次

本文デザイン＝ヤマシタデザインルーム
本文イラスト＝黒子光子

魔法・魔術入門

魔の誕生

ドイツのミュンヘンにある国立ドイツ博物館を見学に行くと、わたしたちは非常に興味深い事実を知らされる。

たとえば自動車である。自動車というものは、ダイムラーによって生みだされたのだとわたしたちは子供の頃から信じてきた。

ある晴れた日の朝、ダイムラーの工房《ガレージ》の扉がさっと左右に開くと、原始的とはいえ、明らかに鉄の心臓を鼓動させた第一号車が晴れがましく未来に向かってとびだしてくる。

わたしたちは自動車の誕生の光景をこんな風に想像し、いつしか、それを歴史的事実のように錯覚してしまっている。ダイムラーの類《たぐ》いまれなる頭脳と巧妙な技工とによってエンジンはもとより、シャーシーもタイヤもハンドルもみんな彼の工房で初めて生産されたように思ったりした人も少なくあるまい。

そして今日でも、「自動車を発明した人は誰？」と子供に尋ねれば、その答えは「ダイムラー」なのである。

しかし、ミュンヘンの国立ドイツ博物館に行くと、エンジンはエンジン、シャーシーはシャーシー、タイヤはタイヤでそれぞれかなりの独自な歴史と発達経路を持

ダイムラー
（一八三四〜一九〇〇）
ドイツの発明家。自動車製造の創始者。一八九〇年にダイムラー会社を創設してメルセデス自動車を製造。のちにベンツと合併してダイムラー・ベンツ会社を作った。

ち、ひとりダイムラーがたちまちのうちに「自動車」のすべてを発明してしまったのではないことがよくわかる。ダイムラーの優れた点は、それらの独自な発達を遂げたさまざまなものを巧みに組み合わせて、人間が乗って走るにたる自動車を完成させたことである。道具の歴史はどれもが原始の時代に遡《さかのぼ》るほど長いのである。

わたしが魔法の歴史を述べるにあたって、およそ関係もなさそうなダイムラー話に長広舌を振るったのは、なにも魔法と彼とが直接関係があるというのではない。それは、今日、わたしたちが「存在」を認知し、確認しているものでも、実際には、それが構成され、完成するまでには気の遠くなるような長い時間が必要であることをまずあなたに知っていただきたかったからである。

たとえば、これからお話しする魔法や魔術もその歴史は非常に古く、ほとんど太古と呼ぶにふさわしい人類の黎明期《れいめいき》まで遡ることができる。

人類が動物と袂《たもと》を分かって文明への道を歩み出した頃、人類にとっては自然のすべてが脅威であった。人間は自分をとりまくすべての自然環境と調和し、順応していかなければ一日として生きていくことができなかったのである。

ある日、人間は目には見えぬが、その存在が自然のすべてのなかに宿っている「あるもの」をはっきりと知った。すなわち「万霊」とか「精霊」とか呼ばれる、自然のひとつひとつを司る見えざる力のことである。

風には風の精霊が宿り、川には川の精霊が宿っていると人間は考えた。そこで人間は、それらの「精霊」たちとなんらかの方法で意志を通じさせることにより、自分たちの生存を保証してもらおうと思いたった。

見えざるものの存在を認知する行為、これこそが人間と動物とを分ける大きな道《みち》標《しるべ》であったのかもしれない。このようにして、きわめて原始的ではあったが信仰というものが誕生した。今日でも、アフリカの奥地などに行くと、人類が初めて目に見えざる力と出会ったころの自然信仰がそのまま受け継がれているところもあるようだ。

さて、やがて人間が集団で暮らすようになると、コロニー（集落）の構成上、人々を統一し、おさめる責任者が必要になってくる。この統轄責任者すなわち集団の指導者には、ふたつのタイプが考えられると思う。

ひとつは文字通り力の強い者がその任につく場合。これは動物園の猿山をみれば合点がいく。原始時代の人類の生活形態もたぶんそれほどあの猿たちと違わなかったのではないだろうか。

もうひとつは、直接、腕力に訴えることはしないが、不可思議な力をもち、人間が恐れている自然の精霊に意を通じることのできる者。これが集団の指導者となることもあったはずだ。

この人物は、なんらかの方法で、万霊、諸精霊と意を通じることができ、霊の代弁者として人々に必要な霊的情報を告げる役目を果たしたのである。多くの場合は、精霊がその人物に一定時間のり移るという「憑依《ひょうい》現象」が起こり、その人が憑依した霊になりかわって、人々に霊の意志を伝達してくるのである。いわゆる今日、「神降し」と呼ばれている行為ができる人物が、人々の崇敬を集めて指導者となったのであろう。

　古代の日本においても、女王卑弥呼《ひみこ》などはまさにこのタイプのカリスマ的指導者であったと思われる。古代にはまだ男性主権型の社会が確立していなかったので、陰母神《いんぼしん》信仰ともいっしょになって、女性の霊能者型指導者をたくさん輩出したことだろう。

　こうした霊力をもつ人物はシャーマン（呪術師）と呼ばれた。シャーマンは四季の移り変りに敏感であり、天体の運行に通じ、人々の精神を活性化させる超常的な力をもっていたと思われる。ときには武力をもって集団を統ずる群長と、霊力をもって人心を捉えるシャーマンとが協力して、ひとつの群を支配する場合もあっただろう。古代の大和朝廷などにもこの形態が存在したようだ。

　シャーマンはやがて古代国家の成立とともに、古来からの原始的祭霊を宗教としての体裁に整え、神官としての地位を確立していったのである。

卑弥呼
三世紀の邪馬台国の女王。『魏志倭人伝』によれば、三十余国がその統治下にあり、魏帝に貢物を贈って魏の明帝から親魏倭王の称号を与えられた。〝鬼道につかえて能く衆を惑わす〟と伝えられる。卑弥呼の名についてはヒメミコトの略とする説、ヒムカ（日向）という巫子王名とする説などがある。

初めにダイムラーと自動車の話を書いたが、今日、世界中の人々が信じている幾多の巨大な宗教組織も、ある日突然、その宗教の開祖が天の啓示を受けて開眼したという教義とは別に、本質的には原始宗教を統合整備した人物が教祖となった色合いが強いのではないだろうか。

原始の村の辻に立ち、ノロシを天に立ち昇らせて雨乞い舞踊を踊っていた裸足のシャーマンも、時の流れとともに壮麗な神殿のなかに長袖をひるがえしておさまることになったのである。

ただ、すべてのシャーマンが壮厳な神の家の主としておさまったかというと、そうともいいきれない。原始時代から古代国家の成立に至る過程において、各部族間の争いは枚挙にいとまなく、無念にも敗れて密林の奥に、あるいは不毛の砂漠をさすらう悲運に泣いた部族もたくさんあった。そうした部族のシャーマンたちは森に隠れ、沼に潜んで自分たちの伝統的な霊的祭儀を守っていこうとしたのである。

戦いで勝者となった部族の信仰はそのまま神となり、宗教となったが、敗者の神や宗教は異端と呼ばれ、迫害される日々が続いたのである。勝者の信ずる精霊が神と呼ばれたのと同様に、敗者の精霊は悪霊、あるいは悪魔と呼ばれた。

世の中に、「魔術」「魔法」という「魔」の字を冠した秘儀が誕生したのは、こういった経緯によるわけだ。

カルデア人の占い

バビロニアでは紀元前二千年頃に、神官の階級が誕生した。神官たちは、動物植物・気象・夢などあらゆるものから未来のできごとを予言した。「赤い犬が神殿に入ると、神々はその神殿を見捨てる」などは、神秘のお告げの典型といえる。

こうしたことからも明らかなように、「魔術」「魔法」というのはその発端から悪魔にくみしていた秘儀ではないのである。また、悪魔というものも初めから邪悪な象徴であったわけではなく、敗れてさすらう部族の神だったものが大半を占めている。

忌まわしき暗黒の祭儀として恐れられ、禁断の呪術と疎《うと》まれてきた「魔術」「魔法」の歴史はこうして始まるのである。

もし、その戦さで荒野に追われた部族が勝利していたなら、神と悪魔の立場は当然のことながら逆転していたことだろう。今日、白亜の神殿の奥深く黄金の衣に包まれて鎮座している神々も、野に下れば角を生やし、尾を伸ばし、牙を剥いた恐ろしい魔神、悪魔に変貌することは十分予想されることなのである。

したがって、「魔術」「魔法」といってもいたずらに恐れる必要はない。源を遡れば神も悪魔も原始信仰の対象として、その発生は同根といえるからである。本来、人間が信ずる信仰には正統も異端もない。あるものは目に見えざる力に対する畏怖の念であり、恐れであり、祈りである。

このようにして「魔」の字を冠された古代からの伝承的秘術、祭儀は地に潜り、幾多の迫害の歴史を経て現代に至っている。

ゾロアスター教の大魔アスモデウス

「白と黒」ふたつの魔術の流れ

「魔術」「魔法」の発生についての概要はおわかりいただけただろうか。

それでは次に、「魔術」「魔法」の内容についてふれてみたい。

本質的に、宗教には正統も異端もないと書いたが、当然、原始宗教の一形態であった魔術にも本来、正統も異端もない。その信ずるところが正統であり、相容れざる教義が異端なだけの話である。自己を正当化し、他者を外道とするのは人間の性であるからこれはやむをえない。人類の幸福を願うはずの宗教が互いの教理の違いから戦争の原因となっている現実を見るにつけても、われわれは宗教の限界を思い知らされる。

どこまでいっても人間はエゴイスティックな生きものなのだろうか。同じ宗教のなかでもわずかな教義の違い、指導者の対立などが原因となっていくつもの門派、分派が生まれるのは歴史が証明するところである。

はやい話が、分派活動に走るプロセスは茶道、花道の類いとたいした変わりがない。要は茶を喫し、花を活けるだけの話なのだが、人間は自分の好みに理屈づけをしたがるものなのである。

もともとアウトローに属している「魔術」「魔法」も人間が関わる活動であって

善と悪の精霊
ペルシャのゾロアスター教では、善の神・光の王アフラ・マズダと悪の闇の王子アーリマンが、宇宙を二分して支配しており、光と闇の精霊の闘いは時の終わりまで続くという。

みれば、そのなかにさえ、正統、亜流の争いが絶えなかった。

信ずる神、信ずる教義が違うというだけで、他を排撃しようという狭量な考え方は宗教も魔術もなんら変わるところがない。みな人間の関わることだからである。

しかし、もし、魔術を分類するのであれば、それはその存在する主旨においてふたつの系統に分類できよう。

ひとつは、魔術の「魔」たる所以である悪魔と手を結ぼうとする術である。悪魔の誕生と成立については前述の通りであるが、悪魔は邪神としての性格が強いので、人間個人の劣情、欲心を満たしてくれるという期待が強い。したがって、まっとうな方法で自己の欲するところの目的が達せられない人々のなかには、悪魔の力を借りてでも、願望を実現させようという者が出てきても不思議はない。

悪魔という堕ちた精霊は、邪悪な思念の結晶としてシンボライズされているので、これに関わることは自らもその教義に身を投ずることとなる。つまり、悪魔に魂を売り渡すわけである。

自分の欲望をこの世で満たしてもらうかわりに、死後は悪魔の手先となって永遠の暗黒のなかで暮らすことになる。そういう約束ごとがあってもなお、人は悪魔の力を借りようとするから恐ろしい。

悪魔を主神と仰ぎ、悪徳を目的とする呪法を行なう人々を悪魔教徒といい、その行なう秘儀を「黒魔術」という。

恐るべき悪魔を呼び出す降魔術

さて、黒魔術についてもう少し具体的な話を進めよう。黒魔術はそのほとんどが降魔術を基本としている。降魔術というのは悪魔を呼び出す儀式のことである。降魔術の方法はわたしの知るかぎりでも二十通りを下らない。世界中にはきっと、何百何千通りと存在していると思う。しかし、西洋魔術における降魔術には、明らかにひとつのパターンがある。集約的な方法を紹介しておこう。

まず、悪魔を呼び出すには、悪魔の名前はもちろんのこと、呼び出す悪魔の性格などについて熟知していなければならない。というのも、悪魔はそれこそ無数にいて、軍団を形成しているからだ。

最高司令官は当然、ルシフェルだが、ルシフェルはサタンと同一視されることが多い。だが、ルシフェルのような大物を呼び出すには相当修行を積んだ方士《ほうし》(魔術師)でないと危険なことはいうまでもない。ほとんどの悪魔はものぐさで暗黒の世界で惰眠《だみん》しているのが常だから、人間ごときに呼び出されて用事をいいつけられるのを極端に嫌うのである。だから、たいてい呼び出された悪魔はきわめて不機嫌で

ルシフェル
魔界の王。もとは光の天使であったが、神との戦いに敗れ、天界から追放された。絶大の権力を持ち、悪魔でも高位のものを呼び出すためには、このルシフェルに頼まなければ成功しないといわれる。

あり、呼び出した人間を疎ましく思っている。迂闊に交渉をもちかけると、ひとにぎりでひねりつぶされてしまうこともある。

悪魔を呼び出したら、悪魔と根気よく、しかも相手をなだめつつ、自分の希望を叶えてもらうようにもっていかなければならない。

「降魔術」の実際にふれよう。

降魔術を行なう日は新月の夜か、あるいは満月の夜、十三日が金曜日に当たっていれば、その日でもかまわない。場所は行為の性質上、リビングルームというわけにはいかないから、人里離れた森のなかの空地や誰もほかの人間が来る心配のない廃工場のようなところなら適当だろう。

降魔術師は術を施行する十三日前から身体を水で洗ってはならない。もちろん、風呂などは論外である。女性の場合は術を行なう日が生理日に当たるように計算する者もいるほどである。悪魔に接近するには、まず自分が不浄の化身であるということを身をもって示す必要があるのだ。たぶん、そばによれば悪臭ふんぷんたるものだろうが、悪魔はそういう匂いが大好きだから気にすることはない。

施術の七日前から、ニンニクを食べてはならない。ニンニクの匂いは誰もが好きになりにくいが、悪魔もまたニンニクの匂いが嫌いだとされているからである。

いよいよ、その日の夜がやってきたら施術する場所に「法陣」を描く。「法陣」

すなわち、一般に「魔法陣」と呼ばれているものは三～五メートルの円形陣で中央にソロモンの紋章である芒星《ぼうせい》六角形（ヘキサグラム）をかたどったものである。円陣の周りには偉大な古き神々や天使、聖き諸精霊の名前をずらりと並べる。古い図版によるとヘブライの神に由来した名前が多い。

円陣、諸精霊の名前、ソロモンの六芒星。これらのものはすべて、いずれ現われるであろう悪魔が、降魔術を行なっている当人に躍りかかってこないための重要な砦である。悪魔は円陣に描かれているすべてのものに一目置いているので、そのなかに入っていさえすれば、やすやすと方士を食べてしまうことはできない。

ただ、ここで注意することは、円陣をすっかり作りあげたとしても、方士が、ズカズカと円陣の中心に立ち入ってしまってはなんにもならない。悪魔は不浄な匂いと人間の足跡について、らくらくと中心部に侵入し、方士を殺してしまうからである。

したがって、円陣のなかに入るためにはふたつの方法がある。ひとつは方士が先に円陣のなかに入ってしまってから円陣を閉じる。もうひとつは円陣を描いてしまってから、道をつけて中心部に入る。外陣から内陣に入る道のつけ方は教会の司祭の法衣など、悪魔が嫌うものを使って細長い布を作り、その上を廊下を渡るように歩いていき、内陣に入ったら中から巻きとってしまうのである。

魔法陣
アグリッパの考案した魔法陣。中央にソロモンの紋章である芒星六角形が描かれている。

これで、方士は魔法陣のなかに無事におさまり、悪魔の餌食《えじき》にならずにすむのである。さて、円陣の外側には次のようなものを並べて、悪魔を呼び出す手助けとする。

まず、動物の腐った死体や内臓。同じく動物の血。刑死者の衣服、ヘビ、カエル、コウモリの死体などを並べる。たぶん、周囲はものすごい悪臭が漂うであろう。とても町なかでやれるようなものではない。

外陣の用意はこれで整った。内陣にいる方士は手に、生け贄の小動物(ニワトリ、ウサギ)、短剣、カップ、司教杖、聖水で洗った金貨、時として聖書を持っている。生け贄はいよいよ悪魔が出現するときに貢ぎ物として首を切り、その血をカップに絞って捧げるのである。

その他の道具は法衣の下に隠しておく。いずれも悪魔の嫌いなものばかりだから、いざというときにお守りにするのだ。方士そのものは魔道に身を投じているのだが、やはり身を守る道具は神さまの息のかかったものに頼っているわけである。

悪魔との契約儀式

月のない真夜中の人里離れた墓地から、降魔術師のしわがれた声が響いてくる。

「アギダ・メダ・メガ・メダ・アンブリダ・アギダ・メダ・メガ・メダ。やれ、大いなるものよ。この世が生まれる以前から天と地をおしなべる真の支配者よ。闇の王よ。疫病と戦乱の皇帝よ。とこしえに死者のおさめ主よ。願わくばここに来たりてわが願いを聞き給え。アギダ・メダ・メガ・アンブリダ・アギダ・メダ・メガ・メダ」

降魔の呪文には三種類ある。

ひとつはミサ教典をわざと逆に発音して読んでいくもの。ひとつは古代の神殿などで行なわれた祭儀の教典を利用するもの。そして、もうひとつは異言に属するもの。異言というのはいっさいの言語体系に属さぬ内的思念の凝縮を発声するもので、どちらかといえば感嘆詞の連続のようなものである。だから、魂の底から絞り出すつもりで「ウ、ウッ」とか「ア、アッ」とか言っていても、それはそれで充分とはいえないまでも呪文効果があるといわれる。

方士はさきほどのような降魔の呪文をえんえんと続ける。悪魔は冥界の底で眠っていて、なかなか起きてはこない。また、人間に呼び出されるのを嫌うから、ちょっとやそっとのことでは現われてくれない。

聖女ジャンヌ・ダルクとともに救国フランスの旗を掲げて戦った英雄ジル・ド・レ侯が黒魔術にとりつかれたときなどは、わざわざ、イタリア帰りの破戒僧レプラ

ジル・ド・レ侯
十五世紀中頃、ジャンヌ・ダルクのボディガード役をつとめた男だが、のちに自分の城で錬金術に凝ったり、黒魔術の生け贄として幼児を殺したりして、吸血鬼と呼ばれるようになった。

チを魔道士として使い、巨万の富を投じて降魔術を行なったという記録がある。初めのうちはウサギやニワトリなどを生け贄としていたのだが、しだいに儀式がエスカレートして、ついには人間の子供を生け贄にするようになったといわれている。

また、ルイ王朝が華やかなりし頃、宮廷の花と謳《うた》われたモンテスパン夫人は王の寵愛を独占したいがために、魔女ボワザンや破戒僧ブギールなどに頼んで赤ん坊を生け贄とした黒魔術を行なったといわれている。

これらの伝説や記録を読んでみると、悪魔というものがいかに出現しにくいかがわかる。コミック誌によくあるように、呪文を唱えるとすぐに出てくるものではない。フランスの降魔に関するパンフレットでは通常、降魔が行なわれるまでの儀式と呪文は休みなく二十四時間以上かかると記されている。方士は呪文をくりかえし唱え、ややトランス状態に陥る。寝食抜きで二十四時間以上の祈とうをするというのは体力の面からいっても並大抵のことではない。

いよいよ、悪魔出現の予兆が現われる。空気に湿気が多くなり、あたりの雰囲気が重くなってくる。やがて、掘りかえした棺桶のふたを開けたような強烈な悪臭がたちこめてくる。このとき、方士は慌てずに、「アグロン・テタグラム・ヴァイケオン・スティムラマトン・エロハネス・レトラグサムマトン・クリオラン・イキオン・エシティオン・エクシスティエン・エリオナ・オネラ・エラシン・モイン・メッフィアス・ソテル・エヌマヌエル・サバオト・アドマイ。願いあげる、アーメン」と言う。呪文を間違いなく唱えると、悪魔は姿を現わす。

とにかく出現したときの悪魔は怒り狂っており、それこそ、なまいきな方士を地獄の底へひきずりこもうとしているから、息の詰まるような悪臭や鼓膜が破れるような騒音を出したりする。もっとすごいのはその姿である。たぶん、それはSFX映画の何倍もの恐怖として方士を襲う。

大抵の方士はこの恐怖に耐えられず、狂気となって魔法陣の外へ転がり出てしまう。魔法陣の外へ出てしまえば、いかに方士とはいえ狼の前のウサギに等しい。あっという間に悪魔に喰われてしまうのである。

気の毒なのは、魔法陣の中にいたのに悪魔の餌食になってしまった例である。ドイツの方士エリエスト・ヴァウスクリウスはせっかく悪魔を呼び出すことに成功したのに、恐怖のあまり失禁してしまったのである。尿が法衣を伝って流れだし、魔法陣の外へ出た。「しめた」とばかり悪魔は尿の道すじを伝って内陣に滑りこみ、まんまと方士を捕えてしまった。したがって、二十四時間以上も円陣にいることを想定し、方士は屎尿《しにょう》処理の方法も考えておかなければならないのである。

この難問を無事に通過して悪魔と対面することになってからが、また大変なのである。

ここでは魔術というより詐術の能力を使わなければならない。要するに、悪魔との要求交渉を勝ちとるために頑張らなければならないのである。

「おまえは何者だ。なんの権利があって俺を呼び出した。返答しだいでは、いますぐこの場で八つ裂きにしてくれるぞ」

と悪魔は方士を脅すだろう。

そこで方士は、

「ありがとうございます。闇の支配者様。わざわざおこしいただいたのは、わたしめの願いを叶えていただきたいからでございます」

「なんで俺がおまえの願いを叶えてやらねばならんのだ。俺はそんなつもりは全然ないぞ」

「いえ、ただで願いを叶えてくださいとは申しません。二十年後にはわたしか、わたしでない場合はわたしのよく知っている者の魂をあなたに差しあげます。あなたに魂を差しあげた以上は、わたしはあなたの僕《しもべ》として地獄でお仕えいたします。ですから、よろしくお願いします」

「ダメだ。おまえのそんな安っぽい魂なんかもらってもなんの役にも立たん」

「そうですか、それならわたしは、『ソロモンの鍵』の呪法によってあなたを苦しめます。それでもよろしいですか」

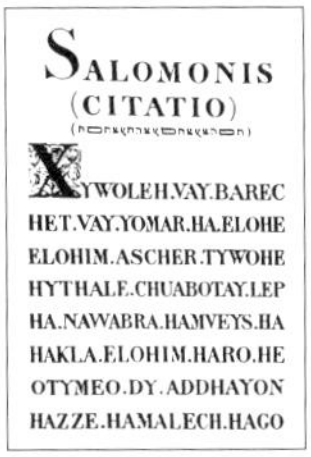
SALOMONIS
(CITATIO)
XYWOLEH.VAY.BAREC
HET.VAY.YOMAR.HA.ELOHE
ELOHIM.ASCHER.TYWOHE
HYTHALE.CHUABOTAY.LEP
HA.NAWABRA.HAMVEYS.HA
HAKLA.ELOHIM.HARO.HE
OTYMEO.DY.ADDHAYON
HAZZE.HAMALECH.HAGO

ソロモンの鍵
悪魔を呼びだす呪文やまじないについて書かれた魔術書。地獄との連絡係として知られるソロモン王（前九七一～前九三二頃）がこれを記したといわれ、さまざまな写本のかたちで伝わった。

魔術師は法陣の中に入り悪魔を呼びだす

「おまえは『ソロモンの鍵』の呪法を知っているのか。いや、知っているわけがない」

「いえ、知っています。もし、やってみろとおっしゃるなら、すぐにも始めますが、始めたら途中では止められないのはあなたもご承知のはず。相当あなたを苦しめることになってしまいます」

「俺を脅すのか」

「とんでもございません。お願いをしているだけでございます」

「ええい。『ソロモンの鍵』など知っているとは思えんが、どうせ起こされてしまったのだから仕方がない。どんな願いか言ってみろ」

「はい、はい、魔王様、わたしの願いは小さなものでございます。百億円ほどいただきたいと思います。それだけでけっこうでございます」

「百億円でいいんだな。よし、くれてやろう。そのかわり、二十年後にはおまえの魂は俺のものだぞ」

「はい。でも、わたしかあるいはわたしのよく知っている者と申しあげました。わたしでない場合もあります」

このあたりからが交渉術のむずかしいところだ。

「なに、おまえの代わりの者の場合もあるというのか。そいつはなんの利益もなく、ただで俺に魂を渡すことになるぞ。そんな奴が世の中にいるものか」

「いえ、おります。必ずおります。もし、そういう者がいないときはわたしの魂を差しあげるわけですから、闇の支配者様にはご損はないわけです」

「なるほど、では、そういうことにしよう。百億円はいつくれてやればよいのだ」

「はい、明晩、この山のなかにある吊り橋のたもとに置いておいてくだされば けっこうです。はい、吊り橋です。二十年後のちょうど今夜、わたしか、あるいはわたしの代わりの者が今度はその吊り橋を渡ります。そのとき、魔王様はたちまち現われて魂を地獄にお連れください。その夜、わたしかわたしの代わりの者は目印に赤いスカーフを首にまいておりますから、すぐにわかります。そして最後のお願いです。わたしはとても臆病なので、いよいよ魂を差しあげる夜、とても吊り橋の中央まで歩けません。怯えて橋のたもとですくみかえってしまうでしょう。ですから、わたしかわたしの代わりが首に赤いスカーフをまいて、二本の足を震えさせながら二、三歩橋をわたりかけたら、すぐに捕らえて魂を抜きとってください」

「よし、わかった。二、三歩といわず、渡りだしたら二歩目の足が橋ゲタを踏む前に魂を抜いてくれるわ」

「ありがとうございます。それでは、こちらから契約書を円の外に投げますから、それにサインを願います」

ここでいちばん大切なことは、悪魔からきちんとしたサインをとっておくことである。サインをとっておかないと契約が無効になってしまうのである。方士が円陣から円の外へ契約書を投げると、悪魔はいやいやそれにサインをする。

「ありがとうございます。これでお約束は成立しました。どうぞ、悪臭や騒音をたてずにお国へお帰りください。アグロン・テタグラム……（以下呪文）……アーメン」と言う。これで魔術師と悪魔とのとりきめは完全に成立したのである。

あとは翌日の晩。吊り橋のたもとにお金を取りに行き、二十年後に魂を渡せばよいのである。

ただ、ずるがしこい魔術師は自分の魂を悪魔に渡すのがいやなものだから、ニワトリの首に赤い目印をつけて橋を渡らせる。魔術師は「わたしかわたしの代わりの者」「二本足で歩く者」と言っているが、どこにも人間とは言っていない。ニワトリも二本足で歩くのである。だから、ニワトリが橋を渡りだしたとたんに、悪魔はそれにとびかかり魂を抜いてしまうが、魔術師は無事というわけだ。

悪魔はこんなやり方で何度も魔術師に騙されているから、かわいそうだといえなくもない。

ちなみに、読者のなかで降魔術をやってみようという人がいる場合、いまのニワトリの手口は、もう悪魔たちによく知れ渡っているから効果がない。なにか新手の騙しを考えたほうがいいだろう。

悪魔の署名
悪魔との契約書は真新しい羊皮紙に書き、自分の血で署名する。これを円陣の外に投げて悪魔のサインをもらえばよい。

儀式は魔法の宗派によってそれぞれ異なる部分があるだろうが、ここに述べた方法が降魔術の集約である。降魔術を試みられるのは自由だが、その結果については著者は責任をもたない。

黒魔術集団「ラブ・マジック」

降魔術も迫力があるが、かつて、アメリカで流行していた「ラブ・マジック」についてもふれておこう。「ラブ・マジック」というのは文字通りの「愛の魔法」だが、これがなかなかすさまじい。

もちろん、これに参加する人々はキリスト教とは縁なき衆生であり、どちらかといえばアウトロー的な感覚の人が多い。アメリカでいえばヘヴィメタル、ロックンローラー、反戦主義者くずれ、麻薬中毒者などの参加が目立つそうである。

「ラブ・マジック」は一応、主神をバフォメット（悪魔のひとり）などにおいている。彼らは人里離れた荒野に、スーパーマスターなる教祖的存在の人物を中心に集団生活を送っている。彼らは彼らの定めた階級以外はまったく自由で、恋人とか夫婦とかいう単位でない雑婚組織で生活している。

バフォメット
山羊の頭と足を持ち、人間の肩と腕、魚のうろこ状の腹を持つ両性具有の邪神。

スーパーマスターは絶対者であり、彼だけが悪の精霊と意を交わすことができる。彼の周囲には「ママ」と呼ばれる数人の若い女性の親衛隊がいて、彼を守っている。このほかに、ゴライアスだのヘラクレスだのという屈強な男たちが集団を支えている。

彼らの主張は「この世を無制限の愛で包む」と言っているのだが、その実態は乱婚の集団生活であり、忌まわしい黒魔術の儀式を行なうことである。

すでに記憶の彼方に消えかかっている事件だが、アメリカ女優シャロン・テートが額にデビルスターの入れ墨をした若者たちに惨殺された事件があった。若者たちの首領はマンソンといって、悪魔の使徒を気取るスーパーマスターであった。

現在でも、こうした黒魔術的な集団は世界中に分布し、闇の活動を続けている。黒魔術はいずれにせよ怨念の術だが、昔から、「人を呪わば穴ふたつ」のたとえの通り、怨みのエネルギーは自分自身の生命波動を乱れさせ、必ず呪詛人を破滅させることになるのを覚えていたほうがいいだろう。

ソロモン王と「白魔術」

それでは、こうした黒魔術の一派に対する、もう一派の魔術とはどういうものであろうか。

異端ではあるけれど悪魔の使徒となるのではなく、悪魔の力と対決しつつ自らの目的を達成しようという人々がいる。この人々は正統とされる宗教教理に服従することは拒むが、かといって、悪魔と手を結ぶわけでもない。古来から伝わる自己の精神と肉体とを練成し、魂の向上をはかり、そこから得られる超常的なエネルギーの放出によって願望を成し遂げようと試みる人々である。

この一派の人々は、たとえばキリスト教のように西欧においてはほぼ国教ともいうべき本流の宗教に与《くみ》していない事実から、明らかに異端の徒であろう。

しかし、こうした一派の人々は、邪悪な精霊とは対決していこうという姿勢を崩すことがない。西欧では、神と悪魔とは二元論的な立場を形成しているので、神を信じなければまた悪魔も存在しないという論も成り立つわけだが、ここでいう異端の人々の神は特定の名前を持つ神ではなく、宇宙に遍《あまね》く「善き精霊」と「邪悪な精霊」という二元論構成なのである。

こうした異端の人々は、キリスト誕生以前にその英知によって悪しき精霊を封じることができたという、伝説的大王にして賢者たるソロモン王を信奉していることが多い。ソロモン王は国家的に認められた神ではないが、宇宙の精霊を信じる人々は、自分自身を磨き魂の向上を願って、ソロモン王にその願望を託すのだ。

パラケルスス
（一四九三～一五四一）
スイスの医者、神学者。占星術と白魔術を研究、利用して数多くの病気を治した。また、初めて錬金術を薬品づくりに応用した。

こうした一派の人々の行なう秘儀を、先の「黒魔術」に対して、「白魔術」と呼んでいる。しかし、認知された宗教からみれば、いずれも五十歩百歩の邪宗ということにはなるだろうが。

「白魔術」はその目的が自己鍛錬による精神浄化だけに、悪魔を奉じて欲望を満たしてもらおうというオドロオドロしい「黒魔術」からみると、その迫力の点で少し劣るのは否めない。だから、一般に「魔術・魔法」といった場合には、人々は「黒魔術」を連想しがちなようだ。魔術に「白」「黒」があろうなどということはほとんど知られていない。

本書でとりあげる「おまじない」や「魔法」はもちろん、その基本を「白魔術」においている。

自己の欲望達成のために悪魔に魂を捧げ、「黒魔術」に手を染めるのも、それは個人の自由であるから著者はその正否を問うつもりなどさらさらないが、まあ、常識的な観点から考えても、悪魔などとは親しくならないほうがいいだろう。

近代魔法の成立

アミニズム、トーテム信仰に始まり、宗教へと成長した精神的、神秘的領域もそ

錬金術
古代エジプトに始まりヨーロッパに伝わった一種の化学技術。自然界のあらゆるものは精霊をもち、その根本物質の精を分離してとり出すことができれば、同じ物質がつくれると考えられた。万能融化液、万能治療薬の製出なども試みられた。

の完成に至る道程のなかで「魔術・魔法」という鬼っ子を生みだした成り行きはすでに述べた。特に、西洋史で知るかぎりでは、キリスト教が絶対支配の勝利をおさめた中世は、異端に対する弾圧が非常に厳しかったようだ。

「宗教裁判」「異端審問」の名のもとに告発され、「魔女」「悪魔の使徒」という汚名を着せられて処刑された市民は、ヨーロッパ全土で百万とも三百万ともいわれている。

神は果たして村の広場で昼夜を問わず火刑台の火が燃え続け、恐怖の絶叫が山々にこだまするのを楽しまれたのだろうか。神ならぬ身の知るよしもないが、事実、ヨーロッパの至るところで無実の魔女を焼く火は、天を焦がしていたのである。

中世の暗闇時代と呼ばれる時代は約五百年ほど続いたが、その間に古代から伝承されたさまざまの神秘的な学術はそのためにことごとく衰退してしまった。カルディア人の天文知識もギリシャの哲学もエジプトの科学知識もすべて火刑台の火とともに消滅してしまったのである。

むしろ、中世という忌まわしき時代の学問の本流は、サラセンと呼ばれたアラビア人の手に移り、近代科学の源流は中近東にその足跡をかいまみることができる。科学、天文学、医学、航海術など今日われわれが知る多くの基礎的学問は、アラビアからヨーロッパに逆輸入されたのであった。

魔女裁判
一四八四年に法王イノケンティウス八世が、魔術や呪術の禁止令を出して始まった魔女迫害の裁判。魔女であると認められると、多くの人々の見物するなか、火あぶりの刑に処された。

「工夫、発明は神に対する反逆である」と宣言した法皇アレクサンドル三世のすさまじい命令がその効力を失うまでの長い長いあいだ、ヨーロッパはただ深く暗愚な眠りを貪《むさぼ》り続けていたといってよいだろう。

「神の家」が栄えた時代が、民衆にとっては「暗黒時代」というのも不思議な話だが、宗教にしろ、主義にしろ教条的なドグマに陥るとその本質を見失う。

ともあれ、産業革命の足音とともに火刑台の火は下火になった。だが、あまりに長い弾圧の歴史は、土着の神が角を生やし、尾を持つ怪物に変身するに至ったように、古代の深淵な神秘の学問は巷の迷信、世迷いごとなどの低俗なレベルに貶《おとし》められ、ふたたび浮上することもできないほどのダメージを受けていた。

欧米ではようやく、心理学、考古学、文化人類学と並んで神秘学の研究が大学の表看板となる時代が到来したが、産学一体体制を固持する産業立国日本の大学では、まだまだ神秘学という分野にはその門戸を閉ざしている。

さて、ドブのなかに沈んだ古代の英知を世間の目も顧《かえり》みず、掘り出して水洗いしてみようという人が出てきた。近代神秘学の父といわれるエリファス・レヴィ（一八一〇〜一八七五）がその人である。レヴィはすでに散り散りになってしまった古代の神秘に関わる事柄を丹念に拾い集めて、神秘学という分野を開いた。

その後、神秘学に携わる人々はかなりの数あげられるが、なにぶんにも労多くして益少なく、ときにはイカサマ師、ペテン師呼ばわりされることもある事情から、この学問の発展は遅々として進まなかったのである。

謎の「魔術使い」たち

魔術師かイカサマ師か、いまもって謎の人物はいくらもいるが、たとえばカリオストロ伯爵と呼ばれた人物はフランス革命前夜のパリで人気があった。

彼は魔術師でもあり、また、練度の高い錬金術師でもあったといわれている。彼がパリにのりこんできたときは、八頭立ての毛飾りのついた白と黒の馬に引かせた黄金に輝く馬車に乗り、大きな宝石をちりばめた黄金握りのついた杖をついていたという。誰もが彼を王族のひとりだろうと思ったそうである。

カリオストロはパリ市中に工房を構えて、錬金術に励んだ。銀の燭台を金のものに替えたとか、鉛二十グラムから黄金一グラムを作ったとかいう評判を立てた。また、醜い女性を美しくするという魔法も使ったらしい。

カリオストロは大いに儲けてひと財産作ったが、告訴する者が出たため、「魔法使い」として捕らえられ死刑になった。どうやら、ずいぶんいいかげんな病気治療やいかさま錬金術をやったという噂もある。

カリオストロ伯爵
（一七四三〜九五）
イタリア生まれの妖術師。フリーメーソンの秘儀の伝授と称して、ヨーロッパ中を回った。詐欺師ではあったが、数秘学を用いて、マリー・アントワネットの最期を予言したりした。

ただ、面白いのは死刑の当日、火刑台で焼かれているはずの自分を、群衆のなかに混じって面白そうに見物しているカリオストロを何人もの人が目撃したというのである。もし、それが本当だとしたら、火刑台の人物は誰だったのだろうか。そして、カリオストロ本人はどこへ行ったのだろうか。

カリオストロが本物の魔術師かイカサマ師か、それはいまもって不明だが、この手の怪しい人物はいくらも登場してくる。

ババリアの首都プラハの錬金小路に住んでいたユダヤ人の道士イザヤ・ベクランは、魔法と降霊術で死者を呼び出すことをなりわいとしていた。

たとえば、ベクランに自分の死んだ父を呼び出してもらおうと思えば、ベクランを訪ね、父の姓名や体格、年齢、職業など詳しく述べておく。肖像画などあったら見せておくほうがよかった。こうして、打ち合わせがすむとベクランは魔法をつかって死者の国に入り、亡き父をさがして連れてくるというのである。

死者の霊との交信の準備が整うと、依頼者はベクランの家に呼ばれ、薄暗い部屋のなかで、ボーッと浮き上がる死者と対面するのである。死者の霊はしゃべりこそしないが、依頼者の問いかけに対して、アルファベット板を指して返事をするのである。

ベクランの汚い部屋は、かなりのお客で賑《にぎ》わい、そのなかには貴族も大商人も多くいたという。

　こうしてベクランの降霊術はずいぶん流行《はや》った。しかし、飼っていた猫がランプを倒し火事になり、そのときに、死者の影の現われる仕掛けが、当時は珍しかった幻燈だということがばれてしまい、彼は牢獄に入れられた。

　ベクランの例などは、魔術師がイカサマ師と思われるもっとも多いパターンであろう。


　やがて、神秘学は「ゴールデン・ドーン（黄金の暁）」と名乗る神秘主義結社へと引き継がれ、民間の組織ではあるが、まじめな人々の手で少しずつ研究が続けられていった。

　ゴールデン・ドーンには、かねてタロット・カードの研究で名を知られたS・L・マクレガー・メイザースや、数々の神秘主義的な作品を書いたイエーツやマッケン、そしてブラックウッドなどがそのなかにいた。ゴールデン・ドーンという結社組織も、多くのグループがそうであるように知識人特有の他者排撃が原因となって、しだいに分裂するに至った。

　なかでも自らを「黙示録の獣」と呼んだアレスター・クローリーなど、狂暴な結社員が出るに及んで、英知を集めた学術サロン「ゴールデン・ドーン」もいよいよ

アレスター・クローリー
（一八七五～一九七四）
イギリスの悪魔主義者。一九〇七年、「A：A（銀の星）」という魔術結社を設立。古代の異端宗教の神々を復活させようと、さまざまな黒魔術の秘儀を行なった。

衰退した。

そうしたゴタゴタのなかで、女流神秘学者ダイアン・フォーチュンらによる「内奥の光」結社が部内サークルのような形で誕生し、この会では魔法のもつ精神浄化効力などが実験されたという。

実践的な神秘家としては、ヨーロッパ大陸からアメリカへ渡って活躍したマダム・ブラバッキーなどが有名であろう。また、自分の家の火事を遠くにいながら予見したスエーデンボルクも近代神秘研究家として歴史にその名を残している。

タイタニック号の悲劇を幕引きとしてビクトリア朝時代の残照が大西洋に沈むと、神秘研究の主流はしばらくドイツに移っていく……。

＊

原始の闇のなかに生まれ、カルディア、エジプト、ギリシャで磨かれ、ローマで栄光の座を勝ち得、中世の火刑台に喘ぎ、近代科学に愚弄され、また見直され、火戦に耐えて魔法、魔術は人類の歴史とともに歩んできた。その長い風雪はつねに歴史のヒダのなかに隠れ、決して表街道に顔を出すことはなかったのである。

人間の心に欲望の火が消えぬかぎり、また、現世において何人をもひとしく幸福

ダイアン・フォーチュン
(一八九一～一九四六)

の彼岸に導く神が現われでもせぬかぎり、魔法や魔術が完全に亡び去ることはないであろう。それは生きとし生けるすべての人間の心のなかに、あの原始の暗闇の恐怖とそれを克服するべく高鳴ったシャーマンの太鼓の響きが、今日なお遠い記憶として焼きついているからである。

＊

かくして、まじないもこのような経緯をもって生まれてきたものであるから、集中力を高め、浄化の心をもって念をこめれば、やがてあなたの願望は達成される可能性も大きいといえよう。

愛の白魔術

—実践法1—

愛の白魔術 1

ジプシー魔髪の秘法

片想いの人をふりむかせる

遠くから見ているばかりで声すらかけることのできない人……そんな対象人物がいるあなたはこの魔法を試してみるとよい。カールトン・ケースの研究したこのジプシー魔法の一つはきっとあなたの願いを裏切らないことだろう。

満月の晩を待ち、沐浴（髪・体を洗い清めること）する。そして、体には香油を塗り（オーデコロンで可）、しばし、沈黙のときをもつ。その後に髪の毛を一本抜いて相手の住む方角の空へ向かって吹き飛ばし、同時に、相手の名前を三回呼ぶ。できるだけ大きな声が望ましいが、それが叶わない場合はもちろん、呼ぶにとどめてもよい。十五分間は相手のことを一心に想う。ただし、周囲に誰もいないことが条件。

この魔法は都会に住むあなたには、なかなか条件が整わないことが多く、失敗に終わることがほとんどであろうから、ひとり旅などにブラリと出かけてやってみるようにしたい。

魔法を行ない、次に相手の顔を見る機会があったときには、自分のほうから接近し、微笑みを投げることを忘れてはならない。

文献によれば、これは〈ジプシー女王の集団〉という組織が行なった魔法だという。

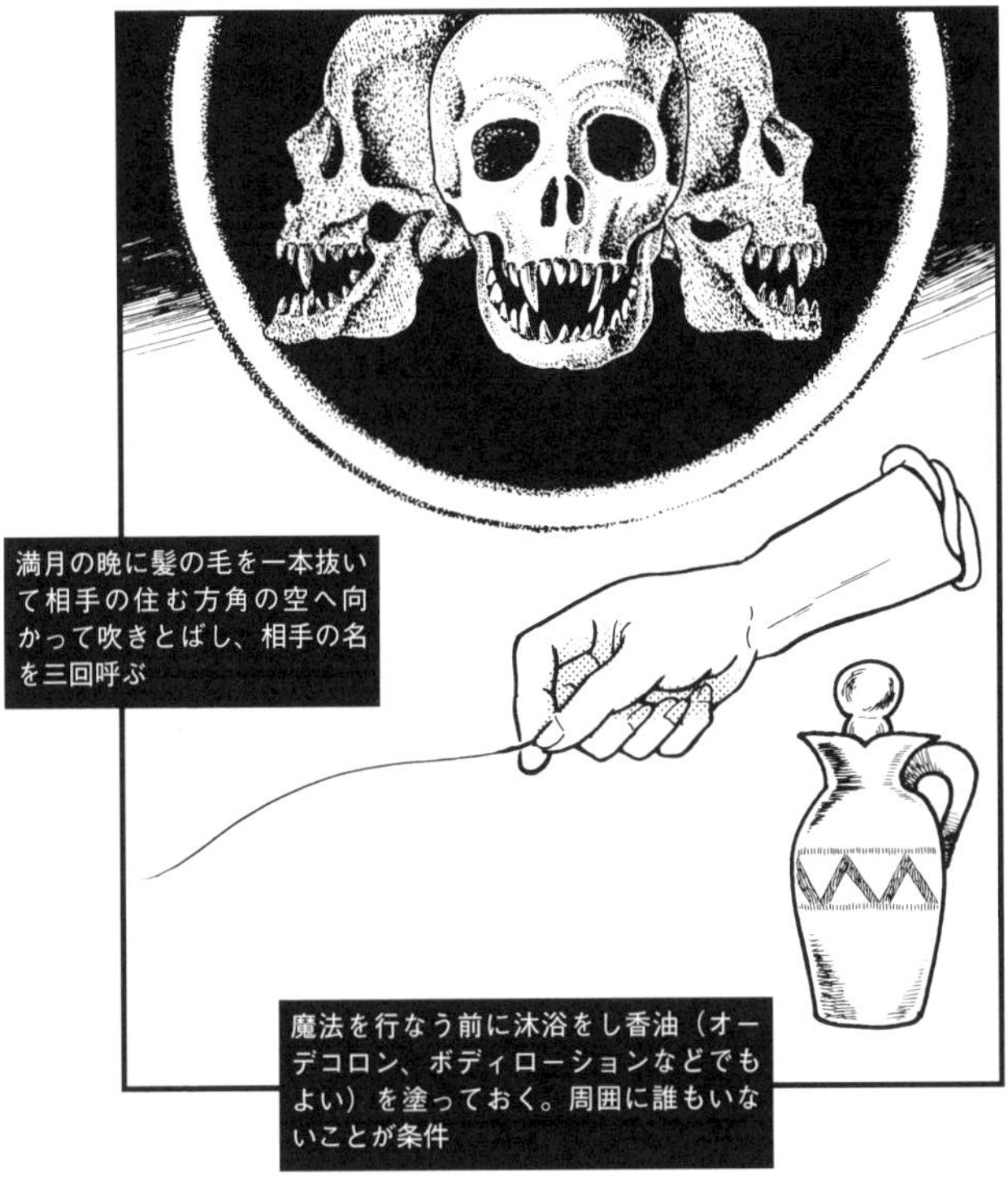
満月の晩に髪の毛を一本抜いて相手の住む方角の空へ向かって吹きとばし、相手の名を三回呼ぶ
魔法を行なう前に沐浴をし香油（オーデコロン、ボディローションなどでもよい）を塗っておく。周囲に誰もいないことが条件

ジプシー魔髪の秘法

もし汝、
近寄りがたき恋しき人いるなら、
満月の夜に沐浴し
体に香油を塗ったのち、
相手の住む方角に向かって
毛髪を一本吹き飛ばし、
同時に相手の名を三度唱えよ。
しかるのち、
十五分のあいだ
相手のことを念ずれば、
その髪、宙を舞い
想いをはせる人のもとへ
飛んでいくであろう。

赤ワインとオレンジの媚薬

相手に自分を意識させる

少なからず魔法に興味のあるあなたなら、媚薬という言葉を聞いたことがあるだろう。媚薬というのはそのものズバリ、惚れ薬のことである。中世ヨーロッパの魔術師や女妖術使いに用いられたものであり、ヒヨス、ベラドンナ、毒人参といった植物を調合して製造した。

この三つの植物は魔法植物であり、手に入れることは困難極まるし、手に入ったところで誤って用いれば命さえおとしかねないので、一応知識のみにしてここで調合するのは次のものにする。赤ワインを自分の体温で暖め、オレンジの皮をひとかけら入れ、シナモン・スティックでかき混ぜる。これを、相手の体のどこかにつける。これはヤスミンという魔術師の媚薬に登場する相手を夢中にさせる調合法である。この魔術師は、モリエ・ヤスミンという名の日本人だといわれているが、詳細は不明である。

また、もうひとつはハチミツ一さじ、シナモン、グローブ、カルダモン、ナツメグ、松の実の粉末を少しずつオレンジジュース一カップに加え、じゃこうのエキス（漢方薬局にあり）を一滴たらして相手に飲ませるというやり方である。魔法好きのスコットランド王、ジェームズ四世もこのような媚薬術に長けていたといわれている。

シナモン・スティック
オレンジの皮ひとかけら
体温で暖めた赤ワイン
調合した媚薬を相手の
体のどこかにつける

赤ワインとオレンジの媚薬

もし汝、魔術の力を借りて相手を夢中にさせたければ、
体温で暖めた赤ワインにオレンジの皮一片を入れ
シナモンの枝でかき混ぜ、相手の体のどこかにつけるがよい。
さもなくば、ハチミツ、シナモン、グローブ、カルダモン、ナツメグ、
松の実の粉末をオレンジジュースに加え、
じゃこうのエキスを一滴たらして相手に飲ませるもよし。
媚薬は五体を巡り、熱き吐息をもたらすであろう。

愛の白魔術 3

若葉の恋の魔法

ただの友人から恋人にする

友人関係まではなんとかこぎつけたのだが、そこからの進展がないあなたは、この、G・リーランド（アメリカの神秘学研究家）の魔法を使って相手の心に変化をおこさせてみよう。

一枚の生まれたばかりの葉をくわえ、東、つづいて西の方向を向き、それぞれの方向で呪文を唱える。

その内容は以下のものである。

太陽が昇るところでは、恋人が私のそばにいて　↓東の方向

太陽が沈むところでは、私が恋人のそばにいるように　↓西の方向

その後、葉を細かく刻み、相手と食事をするときに、さりげなく相手の食べるもののなかに混ぜ入れておく。すると、相手はあなたに対して徐々に恋心を抱くようになる。

原典では、このような内容のものだが、現実に木の葉を食べさせるということがむずかしければ、ホウレン草を使い同じように呪文を唱えたあとに、調理物に混ぜる、あるいは手作りのクッキーを焼き、相手に食べさせてもよいのである。

この場合、自分でも口に運ぶのはいっさいタブーであり、相手のみが主体となることを忘れてはならない。

呪文をかけた若葉（ホウレン草などで代用してもよい）を細かく刻んで食べもののなかに混ぜ入れる
相手だけがそれを食べるようにする。自分で口にすると効力はなくなる

若葉の恋の魔法

もし汝、
愛する者の気持ち、
より自分に傾かせたいと願うなら、
一枚の若葉をくわえ、
東を向きて
「太陽が昇るところでは
恋人が私のそばにいて」と、
西を向きて
「太陽が沈むところでは
私が恋人のそばにいて」
と唱えよ。
その葉を刻みて、
気づかれぬよう相手に食させれば、
恋心芽ばえよう。

愛の白魔術 4

人形《ひとがた》分断の秘法

相手から連絡が入るようにする

愛する相手からの連絡を待つときには、人形を作り、その人形に想いを託す。この魔法は、相手とあまり親しくない場合にも使うことができる。ただし、同時に何人の人にも用いてはならないので対象となる人物を一人にすることが大切。

まだ一度も使ったことのない白い和紙を一枚用意し、朝一番の水で墨をする。そして、人形の右側に相手の名前、そして、左側に自分の名前を書きこみ、中央からまっ二つに切断する。この半分の人形を部屋の南に自分、北に相手、というふうになるべく高い位置にピンでとめ、連絡を願う。

半分に切断された人形はひとつに戻るのが自然である。また、自然界では北と南が必ず引き合うものである。あなたの場合も一カ月もしないうちに、先方からなんらかの形で連絡が入ることであろう。連絡をもらったら必ず人形を貼り合わせ、清い流れのある川か、海に流すこと。一カ月をすぎても連絡がない場合は、もう一度、同じようにして人形を作り、今度は闇夜（新月）の晩から始めてみるのである。新月がわからない場合は、空に満月を見てから数えて十四日目に行なえばよい。

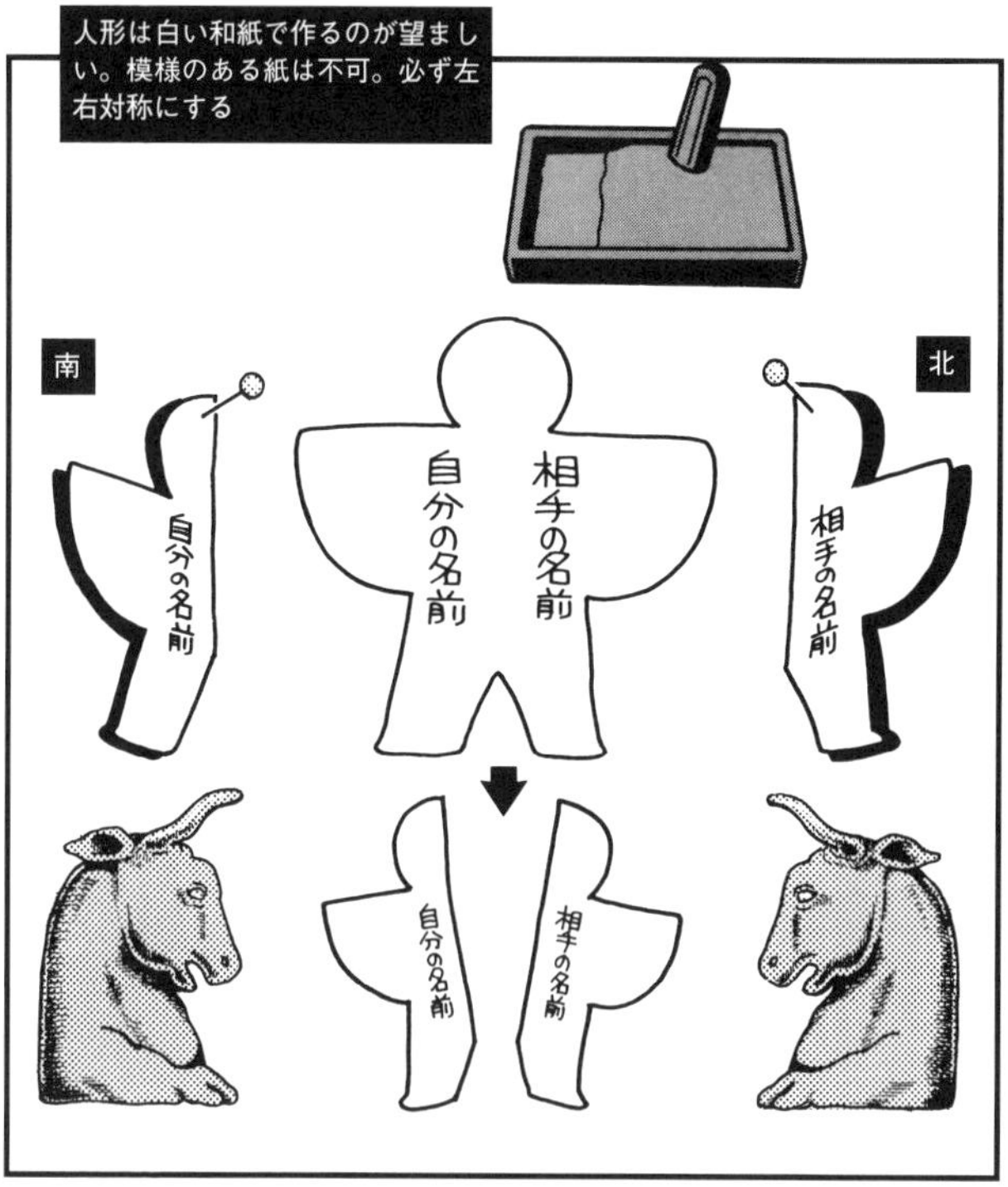
人形は白い和紙で作るのが望ましい。模様のある紙は不可。必ず左右対称にする
南
北
相手の名前
自分の名前
自分の名前
相手の名前
自分の名前
相手の名前

人形分断の秘法

もし汝、
連絡をこいねがう
相手いるのであれば
無垢の白き和紙にて
人形を作るがよい。
しかるのち、
朝一番の水ですりし墨にて、
人形の右半分に相手の名、
左半分に自分の名を書き、
中央で断つ。
右半分を北、左半分を南の位置に
貼り連絡を願えば、
ひと月以内に吉報をもたらされよう。

愛の白魔術 5

スペキュラムの魔法

相手の気持ちをたしかめたい

自分が相手からどんなふうに思われているのか知りたいと思う心は、恋する人間なら当然の心理だといえる。魔法の世界では鏡をスペキュラムと呼んで闇を映し出すひとつの道具のように扱っているので、ここでは相手の心を闇にたとえ、魔法をかけてみよう。

自分の顔が入るくらいの手鏡を一枚用意し、電灯をほの暗くして五分間ジッと見入る。五分たったら鏡をパッと伏せて鏡の上に右手を置き、相手の名前を三回呼ぶ。ふたたび鏡を表に返し部屋の灯をつけ鏡の表面上方に目の絵を一つ口紅で描きこんでおく。その晩は鏡を裏返し、なにも考えずに眠り、その鏡を覗きこんでから六時間後に相手に連絡をとり、そのときに確かめたことが本当の答えとなる。

ただし、先方が会社勤めなどの場合は状況が狂ってしまうので、この魔法は、気持ちをたしかめたい相手が、連絡をとったときに休日になるように考えてから行なうこと。周囲に誰かいたりすると本当の答えは聞くことができない。

また、相手に答えをもらったら、すみやかに鏡に描きこんだ〝目〟は消してしまうこと。忘れたままにしておくと自分自身の心の秘密がバレることがある。

手鏡に口紅で〈目〉の絵を描いて魔法をかける。この〈目〉はエジプト神話の太陽神ラーを表わしている
相手の気持ちがたしかめられたら、ただちに鏡に描きこんだ〈目〉は消すこと。さもないと、あなたの心の秘密がバレることが……

スペキュラムの魔法

相手の気持ちを
知りたいと願うなら、
スペキュラムの法を試すがよい。
ほの暗き部屋にて
手鏡を覗きしのち、
伏せて右手をのせ、
相手の名を三回呼ぶ。
灯りをつけて
鏡面に目の絵を描き、
その晩は無心に眠ること。
翌朝、
鏡を覗いてから
六時間のちに尋ねれば、
相手の本心得られよう。

愛の白魔術 6

柳の枝結びの魔法

アタックに成功する

自分からはどうしても積極的にぶつかっていけない……相手が高嶺の花なら誰でもこんな思いに苛《さいな》まれるはずだ。そこで、柳の枝結びの魔法をあなたにお知らせしたい。

まず、柳の枝が自然に絡まり、結び目をつくっているものを探し、これを切り取る。そして、枝を口にくわえ、次のような呪文を白い紙に書く。

　私はあなたの運をくわえ、足を飲みこむ。あなたの運は私にもたらされ、やがて、私のものになるように

その後、この紙の中に柳の枝を包み、護符として持ち歩く。ついにアタックのチャンス到来！　というときにこの護符を握りしめてから行なうと必ず良い返事がもらえるはずである。

また、恋人同士になってから、この枝を相手のベッドのなかに隠しておくと、末永く相手の心を捉えておくことができるという。この魔法はG・リーランドの魔法である、おそらく中世ヨーロッパから、北欧へと広がっていったものであろう。柳は東洋でも〝縁〟にまつわる植物として登場する。魔法のうえではなにか無言の約束ごとがあるといえよう。

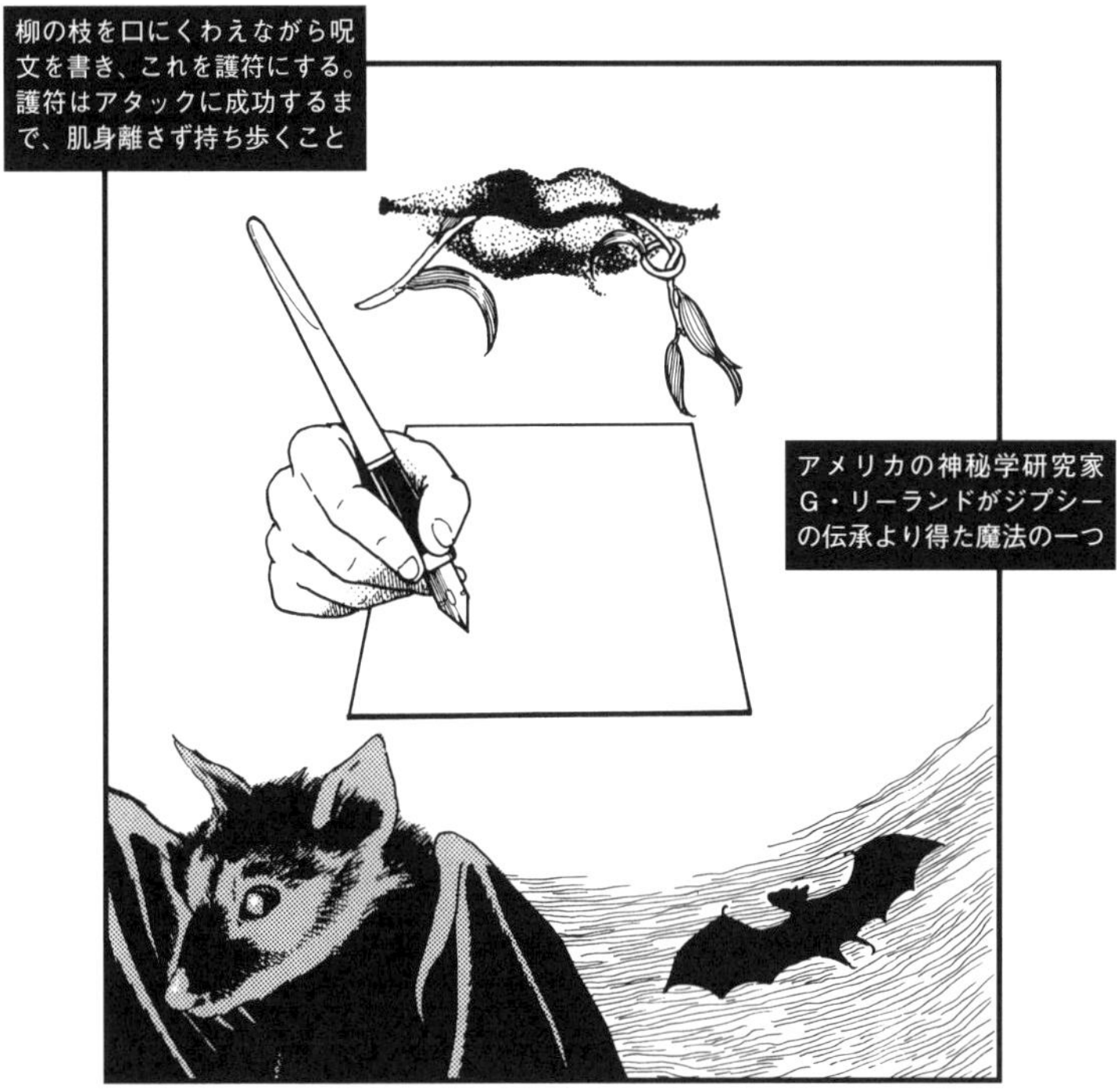

柳の枝を口にくわえながら呪文を書き、これを護符にする。護符はアタックに成功するまで、肌身離さず持ち歩くこと
アメリカの神秘学研究家G・リーランドがジプシーの伝承より得た魔法の一つ

柳の枝結びの魔法

もし汝、
恋心告白せんとするなら、
自然に絡まり結び目のできた
柳の枝を探して切り、
口にくわえて次の呪文を書く。
〝私はあなたの運をくわえ、
足を飲みこむ。
あなたの運は私にもたらされ、
やがて私のものになるように〟
この紙に柳枝を包みて持ち歩き、
握りしめて良き返事を願え。

愛の白魔術 7

麦の穂の縁結び護符

相手と結婚できるようにする

恋人はいるのだけれどなかなか結婚に至らないというあなたなら、縁結びの護符という方法がある。この魔法はジプシー魔術師カールトン・ケースが編みだしたものであり、強力な魔法の力をもつ。この縁結びは小麦、からす麦、葦の葉で作った呪符を使い、また魔除けとしても用いられた。ジョン・クレアの詩によれば、二本のわらを十文字にして、恋しい人を想いながらそれを輪に編み、それをふたたび解いたときにうまくつながっていればふたりの恋は本物、そうでなければ願いごとは叶わない、という。

さて、あなたの場合は、うまくいくかどうか、ということを占うわけではないのだから、次の方法で縁結びの護符を作ってみよう。

まず、花屋へ行きドライフラワーの麦の穂を二本買う。そして、その麦の穂の茎を叩いてヒモ状にし、二つの輪が重なるように結ぶ。その結び合わせた麦のふたつのリングを、自分と相手の写真の額に入れる。入れる時間は、今日と明日の接点の時間――ということであるから、夜中の十二時ということになる。このことはむろん、相手にも告げてはならない。そして、見つかってもならない。

麦の穂の縁結び護符

汝、
恋人との結婚を望むなら、
二本の麦の穂の茎を
叩いて伸ばし、
重なりあった
ふたつのリングとなるように
穂を結べ。
その縁結びの護符、
夜中の十二時になりしとき、
汝と相手のうつりし写真の
額に入れるがよい。
このこと、
相手に告げてはならぬ。
見つかってもならぬ。

愛の白魔術 8

メアルデレンスの秘法

早く結婚相手が欲しい

いま現在、相手がいるならこの魔法は具体的に功を奏するであろうが、〝早く結婚相手が欲しい〟〝結婚したい〟と願うあなたにも良い結果をもたらしてくれる。そのために用意するものは七種類のハーブであるが、ハーブを選ぶときには特に慎重にひとりで選ばなければならない。また、使用の目的を決して悟られないようにしなければならない。

それでは、厳粛な気持ちで魔法を始めよう。まず三センチくらいの幅のある紙テープを自分のバストの寸法で切る。そして、それをさらに七つに切り、その一つ一つに七種類のハーブを包む。包んだまま器に入れ、棒で全部突き砕いたら夜になるまでそっとしておく。夜、玄関の敷居の上に並べ、ロウソクを灯しながら、「早く結婚できますように」と七回唱える。

これは、東欧の未婚の男女のいる家庭で十七世紀くらいから秘かにとり行なわれたらしい魔法であり、由来は〝Mme A R De Lens（メアルデレンス）の秘法ということである。この由来にちなんで、七種類のハーブのうちの一種類を、ラベンダー、レモングラスなどLの頭文字で始まるものにしてはいかがだろう。

魔法が終わったあとのハーブは、夜が明けるまでに土のなかに埋めておけば完全である。

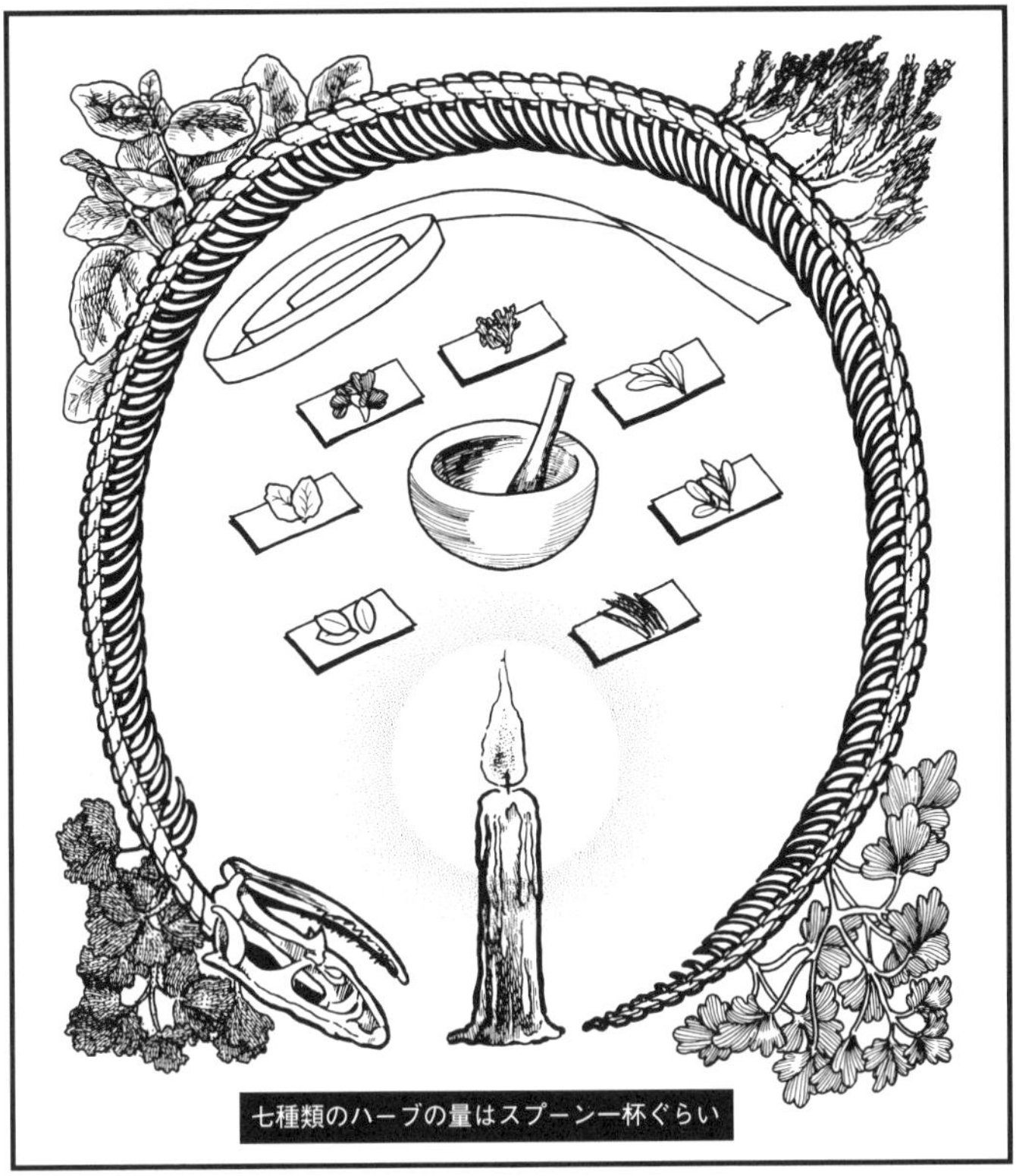

七種類のハーブの量はスプーン一杯ぐらい

メアルデレンスの秘法

もし汝、
早く結婚相手が欲しい
と望むなら、
まず七種のハーブを
用意するがよい。
胸囲の寸法の
紙テープを七つに切り、
七種のハーブを包んで
器に入れ、
棒で突き砕いてから
夜まで置け。
夜、
玄関の敷居にそれを並べ、
ロウソクを灯して、
「早く結婚できますように」
と唱えるがよい。

愛の白魔術 9

アポロンの復縁の呪法

フラれた相手の気持ちをとり戻す

ふられてしまった相手に未練がいっぱい、なんとかもとどおりに修復できないか……と思い悩むあなたはこの魔法を試みてみたらどうだろう。

エロスの恨みをかったアポロンは恋をそそる矢を受けたため、河の神ペネイオスの娘ダフネに恋をする。しかし、彼女は恋をはねつける矢を受けたのでアポロンの愛を拒否し続けたのである。なおも迫ろうとするアポロン。そして、とうとうアポロンの掌中に捕らえられようとするダフネは、父親に助けを求め、自らは月桂樹に姿を変えてしまうのである。アポロンは嘆き悲しみ、月桂樹を自分の聖木にする……。

このギリシャ神話をあなたも知っているだろうか?

恋をふたたび呼び戻したいあなたは、月桂樹の葉三枚に相手の名前を書き、これを皿に盛り火をつける。その煙を相手の写真にあてて、アポロンの加護による復縁を祈ろう。そうすれば、叶わなかった恋にふたたびチャンスが訪れるはずである。月桂樹の葉が手に入らない場合は、料理用のドライローレルで代用する。また、燃えたあとの月桂樹の灰は、消えたことを確認してから相手の家の方向に飛ばすこと。

月桂樹の葉三枚にペン
で相手の名を記す
燃やし相手の写真を煙に晒す

アポロンの復縁の呪法

汝もし、
離れていった相手の気持ちを
呼び戻さんとするなら、
アポロンの神に願いを託し、
月桂樹の葉三枚を用意せよ。
葉に相手の名を記し、
皿に盛りて火をつけ、
その煙の上に
相手の写真をかざすがよい。
しかるのち、
灰となった葉を
相手の家の方角に飛ばせば、
愛は甦らん。

愛の白魔術 10

リンゴと天人花の魔法

愛する人の心を独占する

恋人は絶対に自分だけのもの……と思っていても、やはり心のなかに不安要素があるあなたにこの魔法を紹介する。シェイブルという魔術師のこの魔法ならあなたの望みを叶えてくれることだろう。これは金曜日の早朝に行なう。一個の赤いリンゴが必要であるが、木からもぎとれるのであればそれが最良の方法だ。白い紙に赤い実の植物の絞り汁で自分と恋人の姓名を書き、真っ二つに半分まで切ったリンゴのあいだにこの紙をはさむ。それを天人花《てんにんか》の木の枝で作ったピンでピッタリくっつけ合わせオーブンに入れて乾かし、天人花の葉にくるんで愛する人の枕の下に入れておく。そうすれば、相手は絶対にあなたから離れることができなくなってしまうのだ。ただし、枕の下のリンゴのことは相手に知られてはならない。

さて、この魔法のなかに出てくる天人花の枝、葉というのはヨーロッパでは昔、冠として用いられたものでオリーブ、ローレルが一般的だが、いまの場合、かわりにバラの枝と葉を使うことにする。リンゴは姫リンゴを用いれば大きさもあまり問題ない。代用にあまりこだわる心配はないが、精神を集中して行なうことがポイントとなる魔法だ。

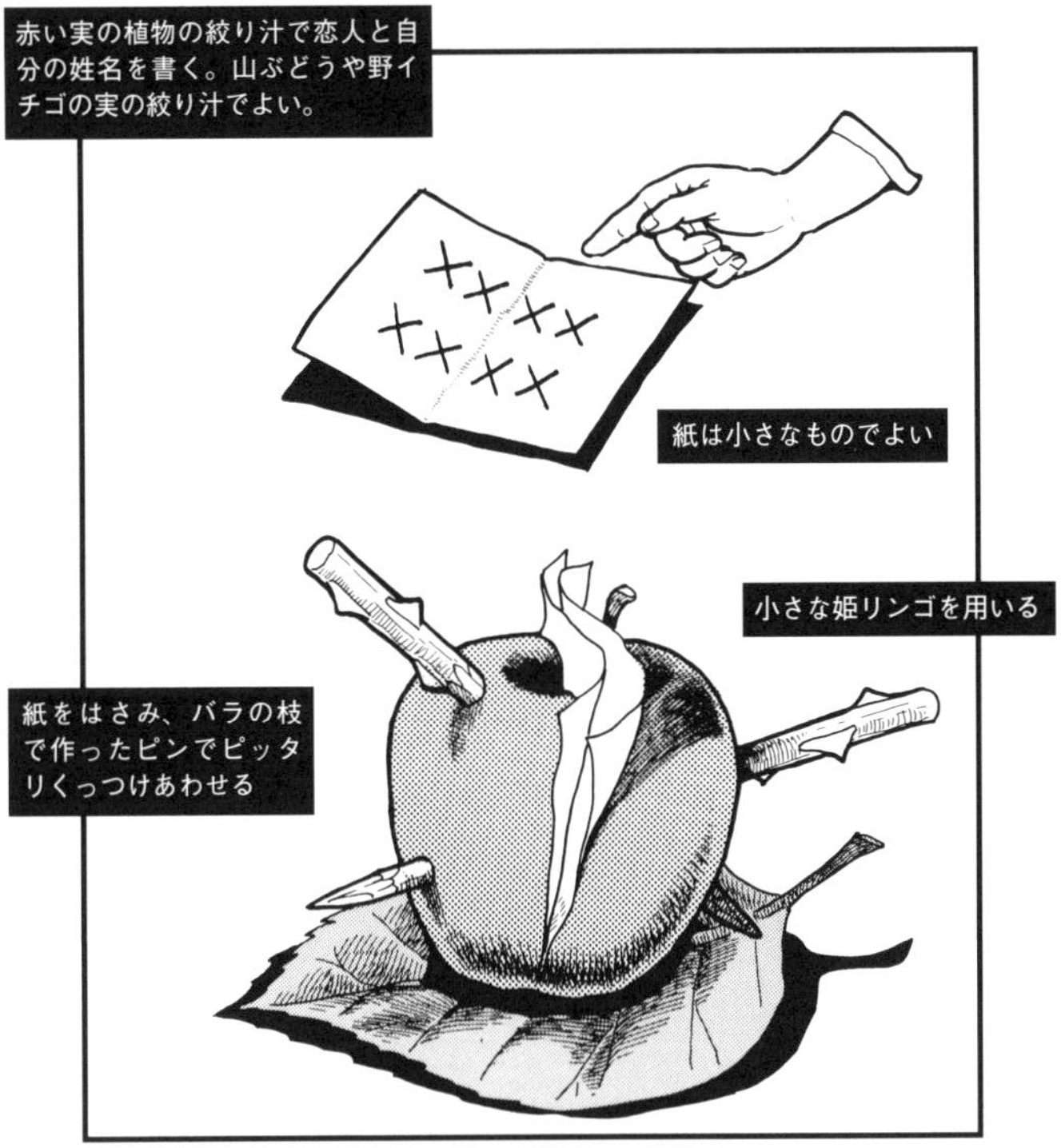
赤い実の植物の絞り汁で恋人と自分の姓名を書く。山ぶどうや野イチゴの実の絞り汁でよい。
紙は小さなものでよい
小さな姫リンゴを用いる
紙をはさみ、バラの枝で作ったピンでピッタリくっつけあわせる

リンゴと天人花の魔法

もし汝、
恋人の愛を一身に受けたい
と願うなら、
真ん中まで切ったリンゴに、
二人の名を赤い実の植物の絞り汁で
記した紙をはさみ、天人花の枝のピ
ンで留めよ。
そのリンゴ、
オーブンで乾かし、
天人花の葉にくるんで
恋人の枕下に隠せばよい。
なお、この魔法、
金曜日の早朝に行なうものとする。

愛の白魔術 11

魔の五つ葉

恋のライバルに勝つ

ライバルに勝つ方法にはいろいろな呪法がある。この魔法は、ライバルに勝つ、というよりは恋敵が去っていく、といったほうが正確な魔法かもしれない。そういった意味で、あまり何回も使用しないほうがいいように思う。

四つ葉のクローバーが幸運のシンボルだということは、あなたもすでに知っていたことだろう。それに対して五つ葉のクローバーは凶兆を暗示する。このことはあまり知られていないようだ。

満月の夜、紙細工で五つ葉のクローバーをこしらえる。そして、それを九日のあいだ、本などにはさんで押さえつけながら、ライバルが去っていくように！　と強く願う。九日目に願いが終わったところで封筒に入れ、宛名にライバルの名前を書いて封のところに赤いロウを落としながら、完全に封がふさがったところで、燃やす、あるいは捨てる、埋めるといった方法で抹消してしまうのだ。これはけっして翌日まで、もちこしてはならない。もし、翌日までもちこしてしまった場合は、去っていくのはライバルではなく、あなた自身に〝去る〟ということがふりかかってくるのである。

恋敵の名を記した封筒に入れ、赤ロウで封印した後、燃やす
紙で五つ葉のクローバーを作り九日間、本のあいだに挟んで押しつぶす

魔の五つ葉

汝もし、
恋敵に勝たんと欲するなら、
満月の夜
紙細工で
五つ葉のクローバーを作り、
それを九日間、
相手が去ることを念じながら
押し葉にするがよい。
しかるのち、
相手の名をしたためた封筒に入れ
赤いロウで封印し燃やせ。

愛の白魔術 12

最高神オージンの秘法

離れた地にいる相手に想いが通じる

好きだった人が想いを告げないうちに転勤、あるいは転校！　こんなショッキングな事態のなかで愛の告白なんて絶対にムリ……というあなたにすすめたいのは、ゲルマン神話時代から伝えられている魔法だ。

ゲルマン神話には、「オージンら三神が連れだって川辺を歩いていたときに、二本の流木を見つけ、それを拾いあげ、材料に用いて、最初の男女を造った。男は、トネリコの木から造られたのでアスクと、女は、ニレの木から造られたのでエンブラと名づけられ、この夫婦からミズガルズに住む人類が生じた……」とある。この魔法は、こうした神話がもとになっている。

まず、清らかな小川の近くに行って川の流れを見つめる。そして、相手のことを考えて水面にその姿が浮かんでくるようになったら流れてきた小枝あるいは木の葉などを二つ拾う（なにも流れてこなければ川の近くに落ちている小石を拾うべし）。それから「最高神、万物の父なるオージンよ、アスクとエンブラのようにわれらを結びたまえ」と唱え、そのうちの一つを大切に自分で持ち、もう一つは相手が住んでいる方向の土のなかに埋める。その土の上から赤ワインを注ぎふたたび相手への愛を念ずれば、想いかならず通じるという。

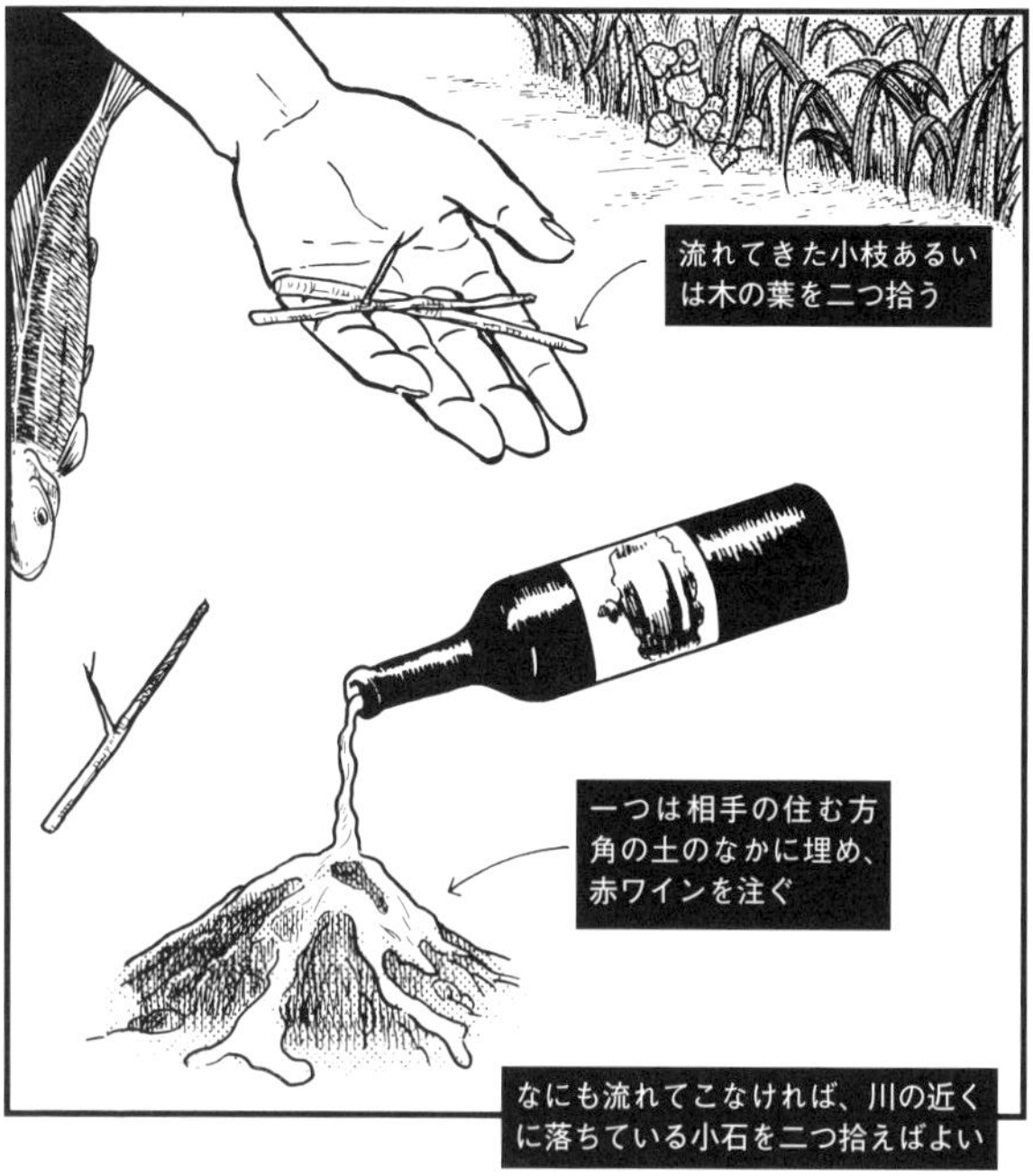
流れてきた小枝あるいは木の葉を二つ拾う
一つは相手の住む方角の土のなかに埋め、赤ワインを注ぐ
なにも流れてこなければ、川の近くに落ちている小石を二つ拾えばよい

最高神オージンの秘法

汝、
遠く離れし相手に
想いを伝えんと願うなら、
せせらぎで
二本の小枝を拾うがよい。
「最高神、
万物の父なるオージンよ、
アスクとエンブラのように
われらを結びたまえ」
と唱えしのち、
一本を相手の住む方角に埋め、
赤ワインを注ぎ、
もう一本を大切に持ち、
愛の通じることを念ぜよ。

愛の白魔術 13

赤い輪の秘術

まだ見ぬ恋人を呼びよせる

恋人にめぐり会うための魔法にはさまざまなものがあるが、このジプシーの秘術を使えばあなたと運命の赤い糸で結ばれている相手をたぐり寄せることができるはずだ。

まず、月夜の晩に左手の薬指に赤い実をすりつぶした液をつけ、その液で純白の便箋にあなたの名前を書く。もちろんフルネームをである。そして、その周囲に残った液で三つの輪を描き、紙を折りたたむ。次の夜になるまで折りたたんだまましまっておき、夜の九時きっかりになったら土中に埋めるというものだ。

これは誰にも口外してはならない。また、誰かに姿を見られてもならない。紙を埋めてから、三回めの雨ふりの日がすぎたなら、あなたがまだ見ぬ恋人に会うそのときは近いといわれている。

だが、不鮮明な赤い液では効果が薄いとみなされている。山ぶどう、野イチゴの実などを使ってみてはどうだろう。

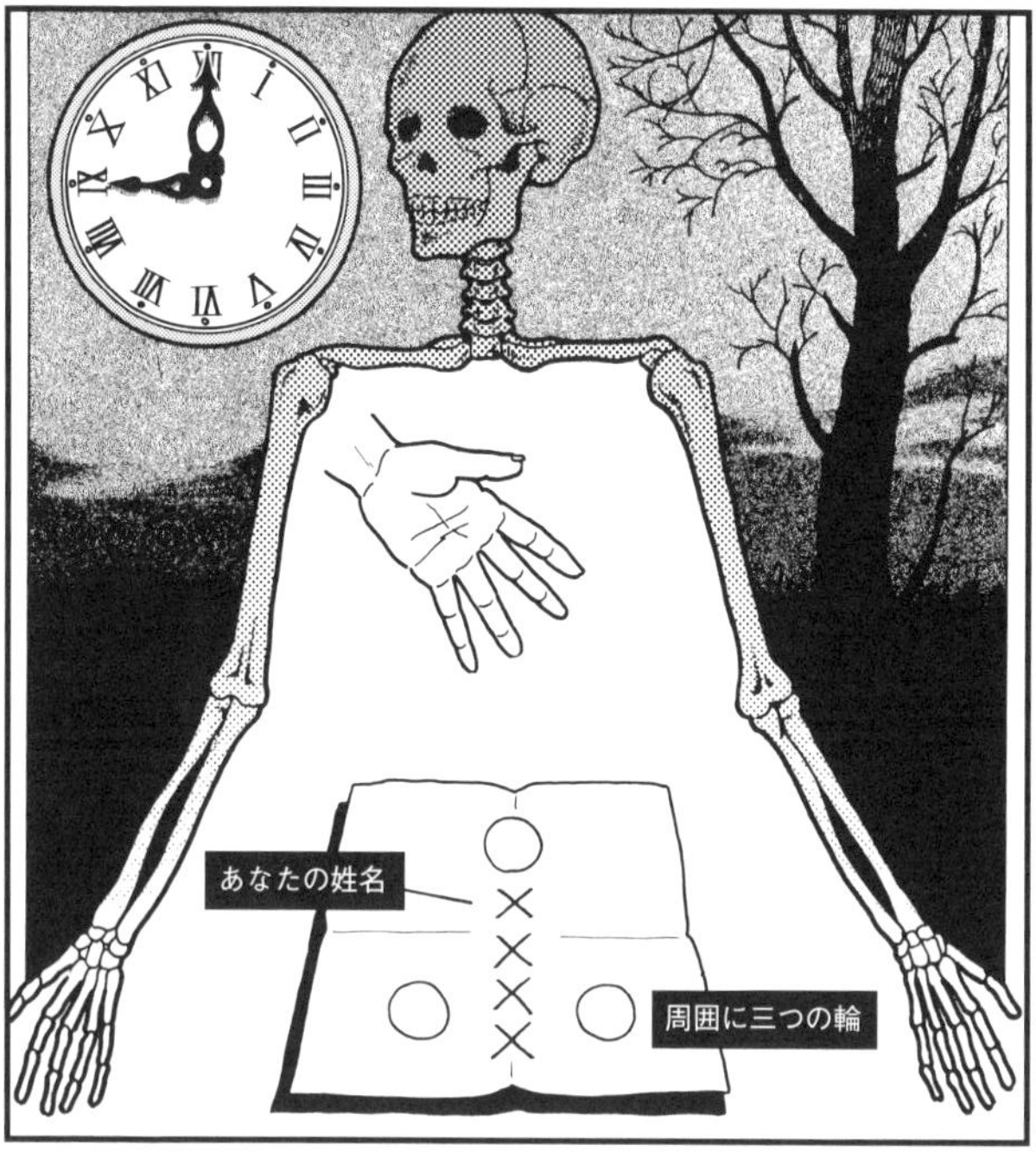

赤い輪の秘術

汝、
運命の糸で結ばれし恋人と
一日も早くめぐりあいたい
と願うなら、
月夜の晩に
赤き液を用い左手の薬指で、
白き便箋におのれの名を記せ。
その周囲に
まじないの輪を三つ描き、
あくる夜九時に土中に埋めよ。
三回目の雨降りの日がすぎたなら、
汝の願い、
叶う日も近い。

愛の白魔術 14

芒星七角形の護符

恋人とめぐり会える

エリザベス朝時代の魔術学者ジョン・デイは、エドワード・ケリーを霊媒として天使や精霊たちと交流したという。そのときに使われた魔法陣はアエメトの印しのようなマンダラの形をした、芒星七角形（七つの先端をもつ星のこと）であった。この芒星七角形はエンドレスになっており、始めも終わりも存在しない。未知なるものと交流する魂には、このような魔法陣が大いに必要である。

あなたが、まだ見ぬ恋人を自分のところへ呼びよせたいのであれば、この魔法陣から芒星七角形のところだけを写しとり、毎晩眠りにつく前に指でなぞりながら恋人の魂を呼んでみよう。そのときには、具体的に理想とする相手を思い描き、また、相手には自分の性格や容姿などを伝える。これを幾晩かくり返すうちにあなたの恋人となるべき人が、あなたのもとへやってくるといわれている。

芒星七角形はその後も大切に保管し、自分自身の護符（お守り）とする。他人に譲渡してはならないので、このことを忘れないこと。もし、万一忘れて誰かの手に渡ったときには、せっかくめぐり会えた恋人は、あなたのもとから去っていくことであろう。

未知の恋人を呼びよせる芒星七角形

芒星七角形の護符

もし汝、
いまだ見ぬ恋人を
自分のもとへ呼びよせん
と欲するなら、
未知なるものと交流するための
魔法陣より、
芒星七角形の部分を写しとり、
護符とするがよい。
毎晩、
眠りにつく前に芒星七角形の護符、
指でなぞりて
理想の相手を思い描けば、
やがて
その人物が現われるであろう。

愛の白魔術 15

足あとの魔法

愛する人の浮気を封じる

ジプシーにまつわる魔法は数々あり、そのどれもが個性的で強烈な効きめを現す。ロンドンに住むある女性は、縁結びの魔法により、だんだん醒めていく相手への想いを認知しながらも現実では別れることができないという悲劇を味わうハメになった、という話を聞いたことがある。くれぐれもあなどらないこと。

この浮気を封じる魔法もG・リーランドのジプシーの魔法である。現在、相手の浮気に悩まされているあなたは試してみるとよい。また、浮気っぽい相手でいつ浮気をするかわからない……という場合の封じ手にもなることだろう。ジプシーの娘は、浮気男の足止めに相手の足跡を見つけてその型どおりに地面の土を掘りおこし、呪文を唱えながらその土を柳の木の下に埋める。すると相手の男は足止めされたように娘のもとにクギづけになってしまうという。

現代の居住空間では、足跡を掘りおこすということはムリなので、相手の靴から足型を紙に描き写し、夜八時になったら次の呪文を唱えながら柳の木の下に埋める。呪文はすべて暗記し、以下のように言う。

私に悲しみはない。

あの人が斧で私はその柄、あの人がオンドリで私はメンドリ、早くこのようになりたいもの。

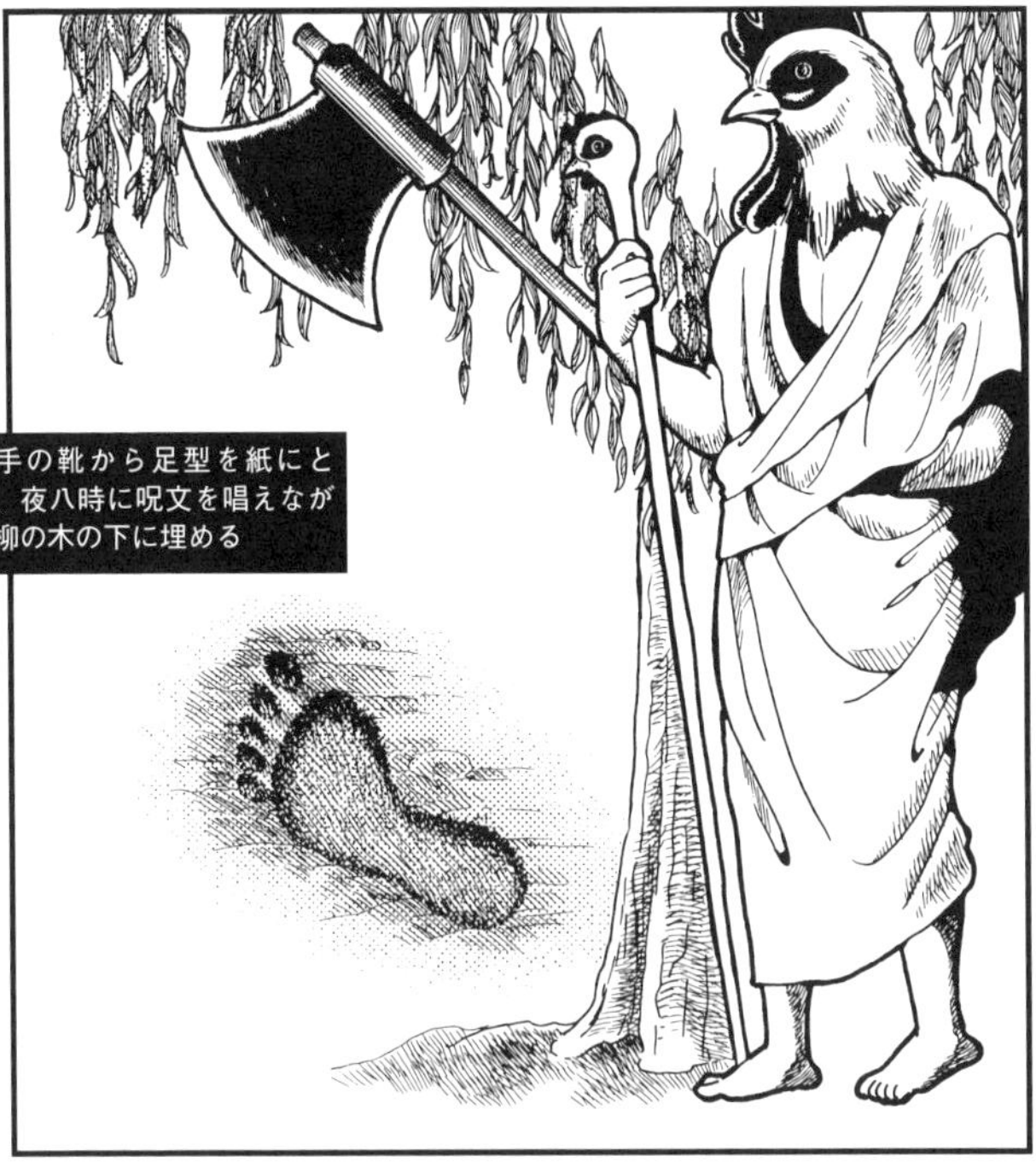

相手の靴から足型を紙にとり、夜八時に呪文を唱えながら柳の木の下に埋める

足あとの魔法

汝もし、
愛する者の
浮気を封じたいと望むなら、
その足跡を紙に描き写し、
夜八時に、
〝私に悲しみはない。
あの人が斧で私はその柄、
あの人がオンドリで私はメンドリ、
早くこのようになりたいもの〟
と唱えながら、
柳の木の下に埋めよ。
愛する者、
汝のもとに釘づけとなろう。

愛の白魔術 16

離別の秘法

嫌いになった相手と別れる

嫌いになってしまった相手と別れたい、しかも、自分で言い出すことなく、自然に相手が離れていってくれたなら――と願うあなたは真言神道による秘符を用いるのがよさそうである。

沐浴（髪・体を洗い清めること）し、心を鎮めたのち、清い流れをもつ小川の二叉に分かれているところより水を汲み、その水ですった墨で次頁のように白紙に書く。

書いた紙を封筒に入れ、かたく封をしてその表と裏にさらに次頁のように文字とマークを印す。

これを相手に気づかれないようにして枕の下に入れておくか、自分の身につけておくのである。この目的も誰にも知られてはならない。

使用し終わった墨汁は、家の南側に捨てる。

すった墨のほうはふたたび使用してもかまわない。

離別の秘法

もし汝、思い醒め、嫌いになりし相手と自然に離れていかんと欲するなら、
真言神道の秘符を用いるがよい。
まず沐浴し精神を鎮め、
小川の二つに分かれしところより水を汲み、
その水ですりし墨で呪文を書け。
しかるのち、封筒に入れ、ふたたび呪文を表裏に記す。
この秘符、身につけるか、相手の枕の下に隠すがよい。
おのずと遠ざかるはずである。

愛の白魔術 17

マジカルパワー・コイン

いつまでも二人の愛がつづく

すでに相思相愛となったふたりのための魔法だ。永遠なる愛の継続を祈って神聖な気持ちで行なうこと。

まず、外国のコインを二枚手に入れるところから始めるのだが、これはアメリカより伝わったものなので、銀色をしたアメリカの二十五セントのコインを使うとより魔力がある。欧米では、銀貨はことに望みを叶えてくれる幸運の印とされているからだ。

ふたりでそれぞれコインを持ち、打ち合わせをしておく。

打ち合わせの内容は、同じ日の朝一番に出した水道の水でコインを洗い、両手にはさんでコインを暖め、軽くキスをする。その後、おたがいにコインを交換し合い、大切に持っているというもの。

朝一番に出した水でコインを洗う時刻がぴったり同じであれば、それにこしたことはない。

そして、ふたりがめでたくゴールインするときがきたら、このコインを裏表に二枚合わせ強力接着剤で貼り合わせたうえ、海の遠くにむかって投げよう。未来永劫睦まじく暮らせる魔法がかかるといわれている。

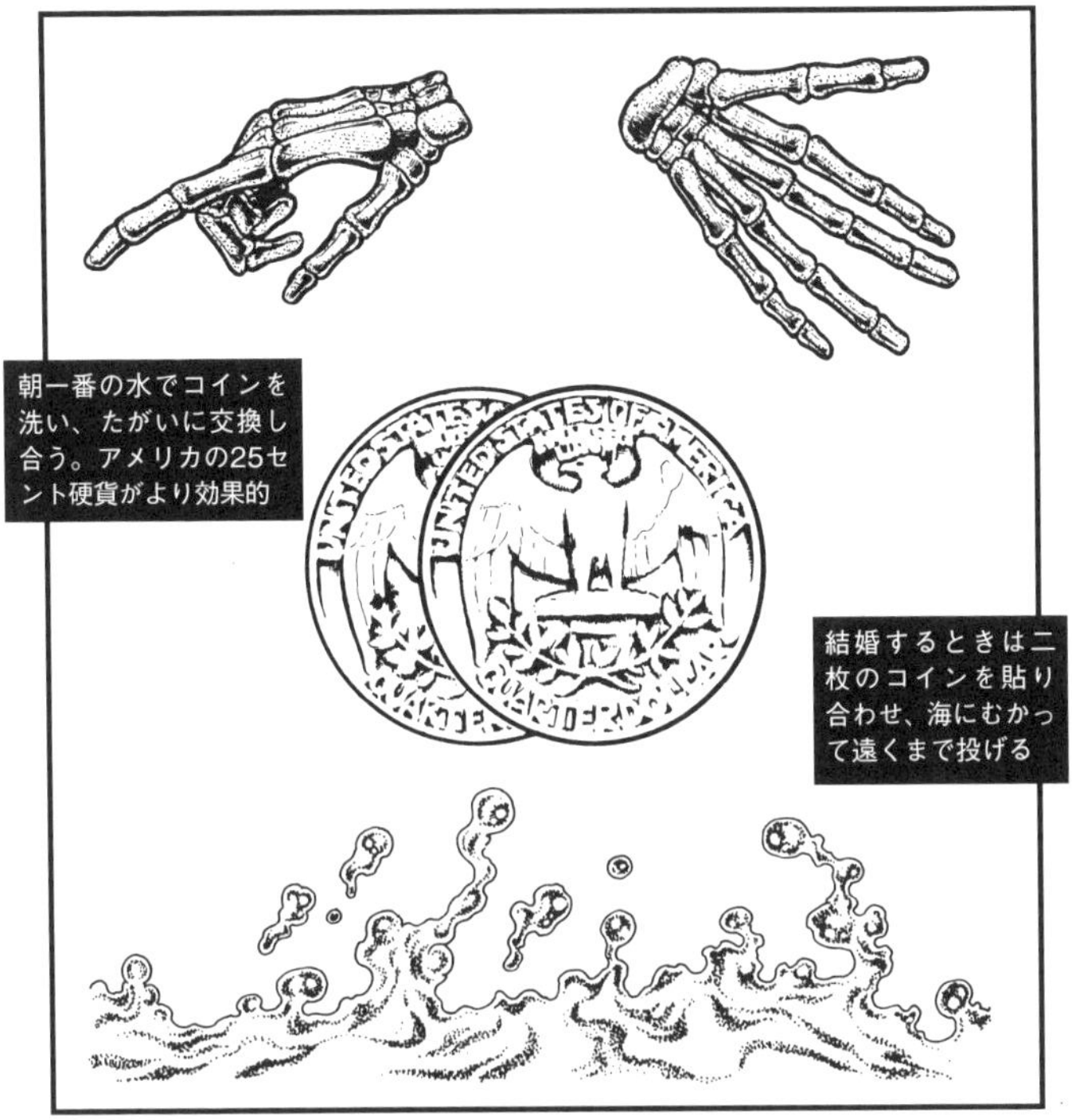
朝一番の水でコインを洗い、たがいに交換し合う。アメリカの25セント硬貨がより効果的
結婚するときは二枚のコインを貼り合わせ、海にむかって遠くまで投げる

マジカルパワー・コイン

もし汝、
愛する者と永遠の愛を願うならば、
コインを一枚ずつ持ち、
同じ日の朝一番に出した水で清め、
両手で暖め口づけよ。
そのたがいのコイン、
交換して大切に持ち歩き、
やがて二人が結ばれし時に、
貼り合わせ、
海のかなたに投げるがよい。
末長く睦まじく暮らせよう。

愛の白魔術 18

ケストスの帯

異性の注目をあびる

愛と美の女神・ヴィーナスはギリシャ神話のアフロディテと同一視される。海の泡から生まれたといわれ、たいへん美しく、相手の心を魅了してしまう力をもった女神である。また、彼女の歩いたあとには花が咲き、四季の女神たちはその花をつんで冠や衣服を作ったといわれている。

ヴィーナスはケストスと呼ばれる帯を持っていたが、どうやらその帯に相手に愛情をおこさせる力があったようである。ヴィーナスが愛した鳥は白鳥と鳩。植物はバラとギンバイカだとある。

ケストスを作り秘かに持てば、あなたもヴィーナスの力を借りることができるが、ケストスを所有できるものは高潔な魂の持ち主だけである。日常雑事に追われ不摂生をしているならせめて三十日間の禁酒禁煙をする必要があろう。

ケストスを作るために必要なものは一・二メートル×五センチ幅の紫のサテン帯。そこに次のような刺繍を施す。この帯を金曜日の夕方、身につけ、バラの花を一本買いに行くとよい。帯は素肌にじかにつけ、人目にふれさせてはならない。

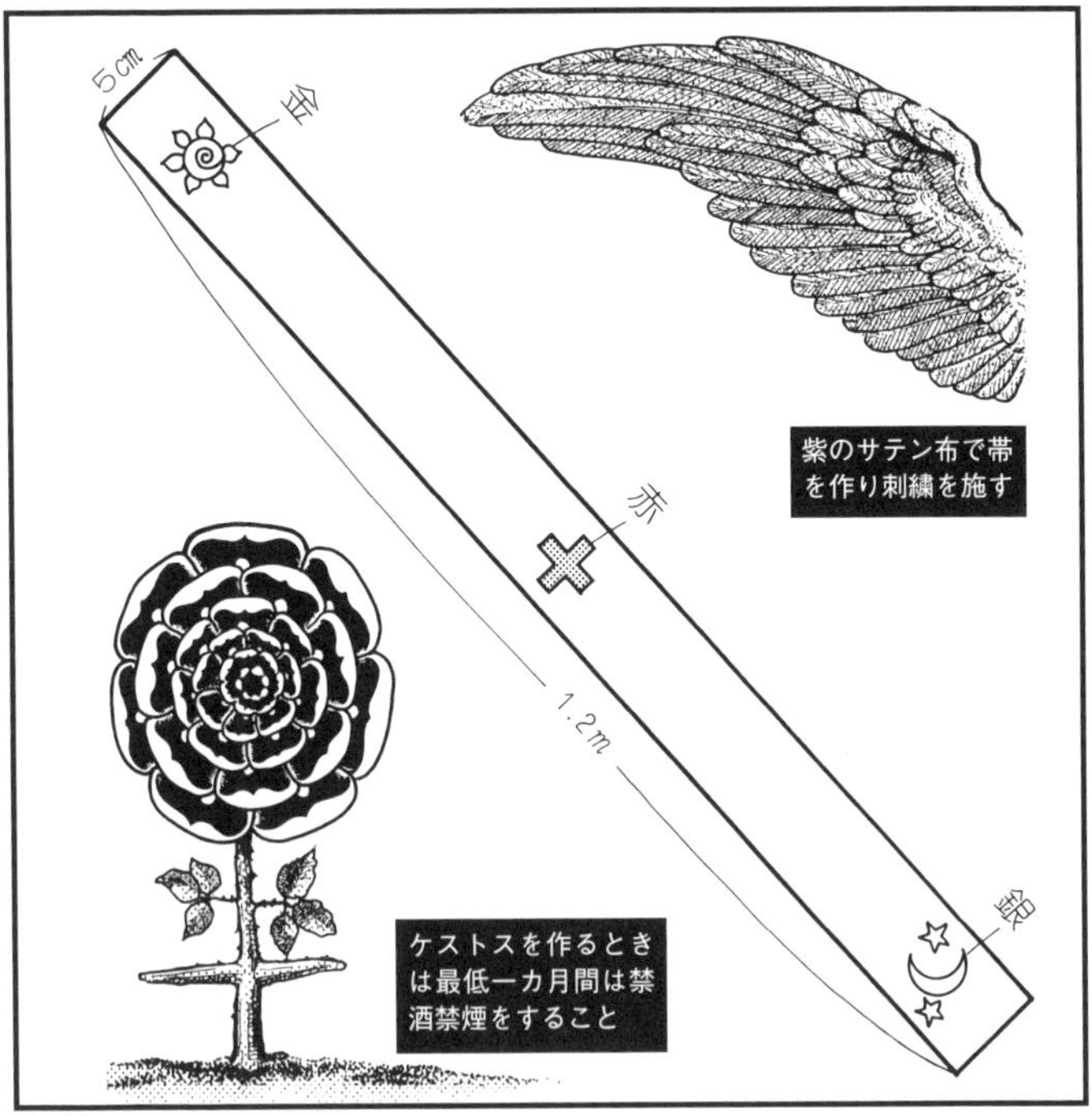
5cm
金
赤
1.2m
銀
紫のサテン布で帯を作り刺繍を施す
ケストスを作るときは最低一カ月間は禁酒禁煙をすること

ケストスの帯

もし汝、
異性から注目を浴びたい
と欲するならば、
ヴィーナスの力を借りるがよい。
紫色のサテンの帯に、
金、赤、銀で太陽、十字、月の刺繍
を施す。
金曜日の夕刻、
その帯を素肌につけ、
バラの花を一本買いにいく。
高潔な魂の持ち主なれば、
汝の姿異性の心を魅了しよう。

愛の白魔術 19

桑の実の愛呪

親の反対のある恋を成就させる

バビロニアの青年ピューラモスと乙女ティスベーは家が隣り同士で恋人であった。しかし、親同士の仲は悪く結婚はおろか会うことすら許されなかった。あるとき、二人はニノスの墓で落ちあうことにした。ティスベーはその夜、親の目を盗み約束の桑の木の下に出かけていったのだが、しばらくすると口に血をつけた獅子が現われティスベーはあわてて岩陰に隠れた。しかし、うっかりして落としたベールを獅子が食いちぎりそのベールには血がべっとりとついてしまう。そのベールを見たピューラモスは彼女が死んだものと思い、桑の木の下でみずからの胸を剣で突き死を選ぶ。ティスベーは桑の木の下で息絶えたピューラモスの姿を見つけ、彼女もまた冥府宮へと旅立つ。そのときから桑の実は赤い実をつけるようになった。両家の両親は深く反省をし、ピューラモスとティスベーの永遠の愛と冥福を祈り桑の実を二人の愛のシンボルとしてまつったという。

両親の反対をうけながらも結ばれたい二人は、桑の実の魔力を借りて愛の成就を祈ろう。赤く熟した桑の実を七つずつ入れた赤い布の袋を二つ作る。そして、夜の八時きっかりにたがいの家の庭にそれを埋める。その上を七回踏みしめ二人の絆がより深まるように祈れば、周囲の祝福をうけて結ばれる日は近い。

熟した桑の実を七粒
ずつ二つの赤い布袋
に入れる
夜八時、たがいの庭に埋め
その上を七回踏みしめる

桑の実の愛呪

汝、
たがいの親に反対されても、
恋人との愛を貫き
結ばれたいと望むならば、
桑の実に愛を託すがよい。
熟した桑の実を七つずつ
二枚の赤い布袋に入れ、
夜八時、たがいの庭に埋めよ。
その土の上を七回踏みしめ、
二人の絆が
より深まらんことと願えば、
やがて周囲の反対も消ゆ。

愛の白魔術 20

プシュケの蝶の魔法

二人のあいだの誤解をとり去る

みずからの胸を矢で傷つけてしまったエロスは、プシュケという乙女に恋をする。しかし、プシュケは、アフロディテの呪いのために花嫁になることは許されていなかったのである。エロスは一計を案じ、自分の神殿にプシュケを呼び、姿を見せぬようにして彼女と契《ちぎ》った。ある日、二人の姉にそそのかされたプシュケは怪物とかんちがいしてエロスを傷つけてしまう。その後、プシュケにはさまざまの困難が与えられたが、ゼウスにより許され、傷ついたエロスをも救われたのだという。

このギリシャ神話を知っているあなたなら、魔法の力も倍になるはずだ。

みずからの好奇心のため相手を傷つけてしまったときは、次の魔法を試みよう。

一頭の蝶をつかまえて手のなかに包みこみ、二人のあいだの誤解が解け、うまくいくように託してみるのだ。ギリシャでは霊魂のことを蝶に象徴し、同時にプシュケのことも意味しているのである。やり方は単純だが、蝶を捕まえるのは至難の技であり、冬のように閉ざされた相手の心に春を呼び戻すのは、本当にたいへんな努力がいる。もし、あなたが心から反省しているのであれば、一枚のオーガンディの布地で作った蝶を代用してもよい。

蝶を捕まえるのが難しいなら、薄いオーガンディの布で作ってもよい

プシュケの蝶の魔法

汝もし、
みずからの誤ちにて
相手を傷つけたならば、
一頭の蝶を捕まえよ。
その蝶、
手のなかに包みこみ、
二人のあいだの誤解が消え、
ふたたび仲もどらんことを
祈りてはなすがよい。
冬のように
閉ざされた相手の心に、
やがて春が呼び戻されよう。

愛の白魔術 21

絆の妖呪

片想いの相手に自分の存在を知らせる

電車のなかで毎朝かならず会う人、あるいはまた行きつけの店で働いている人など、口もきいたことのない見ず知らずの相手に一目ぼれし、なんとか自分を意識させようというとき、功を奏する護符である。真言の神道より伝わる護符であるが、対象者のいない場合には八十六頁のもの、顔くらい覚え知る場合はこちらのものを使う。

和紙に墨で次頁と同じように書き、裏側に自分の姓名、生年月日を書きこんでおく。この護符はその相手に出会った日の日付けを選んで作るとより効果的である。たとえば、十二月十七日に出会ったのであれば、十七日に作るようにすればよいわけだ。

こうして作った護符は、大切にお守り袋にしまって身につけておこう。

その後、相手となんらかの形で意志の疎通を得ることができた場合には、お守り袋よりこの護符をとり出して燃やしてしまうのである。そして、その灰をかき集め、相手が住んでいる家の方向の土に埋めてしまえばよい。

絆の妖呪

汝、顔は覚え知るも、
いまだ接触の機会得られぬ相手に、
みずからの存在知らしめんと欲するなら、
相手と出会いし日付けに護符を作るがよかろう。
和紙に墨にて右のように書き、
裏側に汝の姓名、生年月日を記す。
この護符、大切にして持ち歩き、相手と接触の機会得たなら、ただちに燃やせ。
その灰を相手の家の方角に埋めれば、絆さらに深まろう。

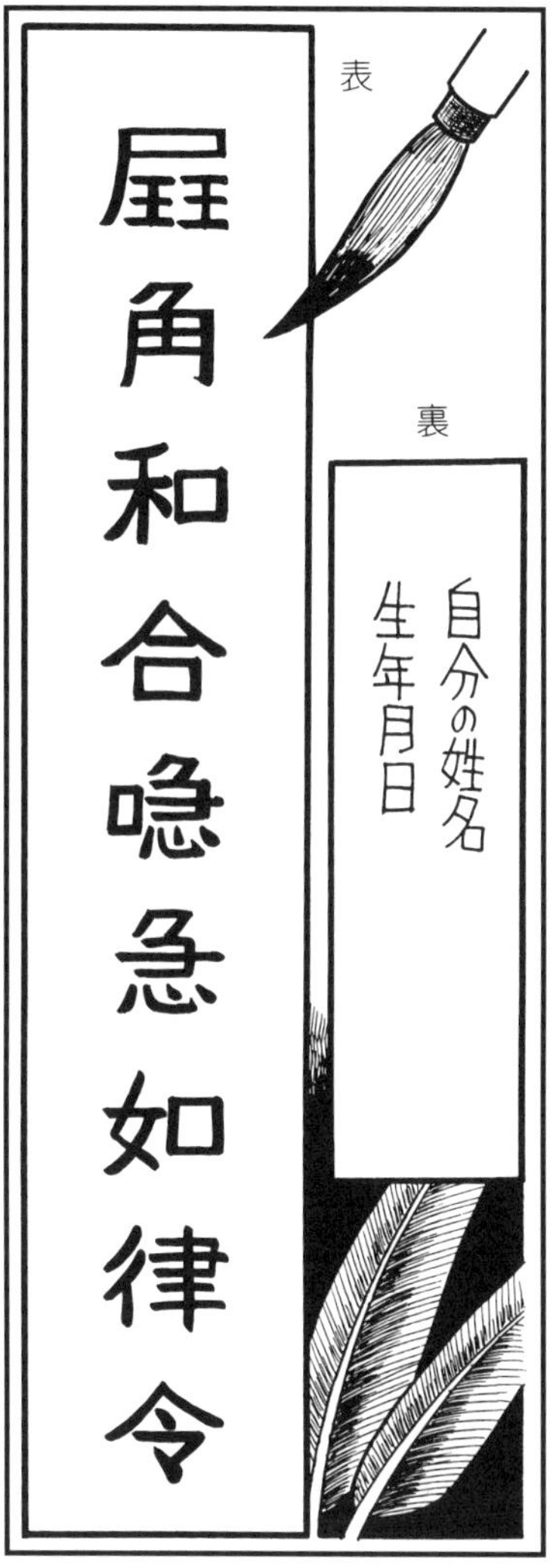

愛の白魔術 22

出会いの護符

出会いのチャンスを得る

恋人がほしい、という願いを叶えてくれる護符を紹介しよう。この護符を身につけておくと、ふしぎと〝出会いのチャンス〟にめぐまれるのである。

しかし、あくまでもつくってくれるのはチャンスだけ。あとは、あなた自身のアプローチが必要であることはいうまでもない。

まだ、一度も使用していない白い紙を用意し、産土神社（自分の生まれた場所のもっとも近くにある神社）から汲んできた水で墨をすり、次頁のように書く。

一字一字ていねいに書き、書き終わったら残った墨汁は家の北側の土に吸いこませて、その土を少しだけ取っておく。土は乾かして白紙に包んで持っていると後日、役に立つ。この白い紙に書いた護符はお守り袋を作って身につけておくとよい。こうしてつかんだ出会いのチャンスにより得られた恋に、後日、困難な状態が生じたときには〝土〟をとり出し、恋人の家の北側にまいておくと解決策がみつかることだろう。

暑暑
魔
口口口
喼急如律令
墨汁を吸いこませた土は乾かしてとっておくとよい

出会いの護符

もし汝、心より愛する人にめぐり会う機会を得たいのならば、この護符を作るがよい。

汝の生まれし所にもっとも近い神社より水を汲み、墨をする。しかるのち、その墨で無垢の白紙に定められた文字を書きこみ、残った墨汁は家の北側の土に捨てよ。この時、その土を少し取りて保管しておけば、のちに難題の起きし時の助けになろう。

護符は肌身離さず持ち歩くがよい。やがて、機会は到来しよう。

愛の白魔術 23

秘密あばきの紋章

愛する人の秘密を知る

配偶者や恋人の隠しごと、浮気を知るための方法である。

乾いた木片をさがしだし、木片に図のような紋章を切り取って貼る（図をコピーしたものでもよい）。つぎに乾燥させた魚の骨といっしょにこの木を燃やすのである。このとき、なるべく大きな骨を使って燃やすこと。また、煙が多ければ多いほどよいので、ほかのものを加えて燃やしてもよい。こうして、隠された秘密を知ることができるようにと祈りながら燃やせば、数日後にその秘密はあなたの前に明らかになることだろう。

この方法は、基本的に相手に対して愛情を持っているのなら実行してもかまわないが、憎しみのさなかに実行してはいけないとされている。相手に対する憎悪、嫉妬などマイナス面での思い入れが強すぎると、秘密露見とともに訣別をむかえるか、または自分自身の体に支障をきたすことになるからである。

魔法の種類はちがうが、アブラメリンの護符を使って妻を呼び戻そうとした作曲家のピーター・ワーロックは、妻は戻ったものの、その後しばらくして、彼自身が自殺してしまったというエピソードもある。気をつけて行なってほしい。

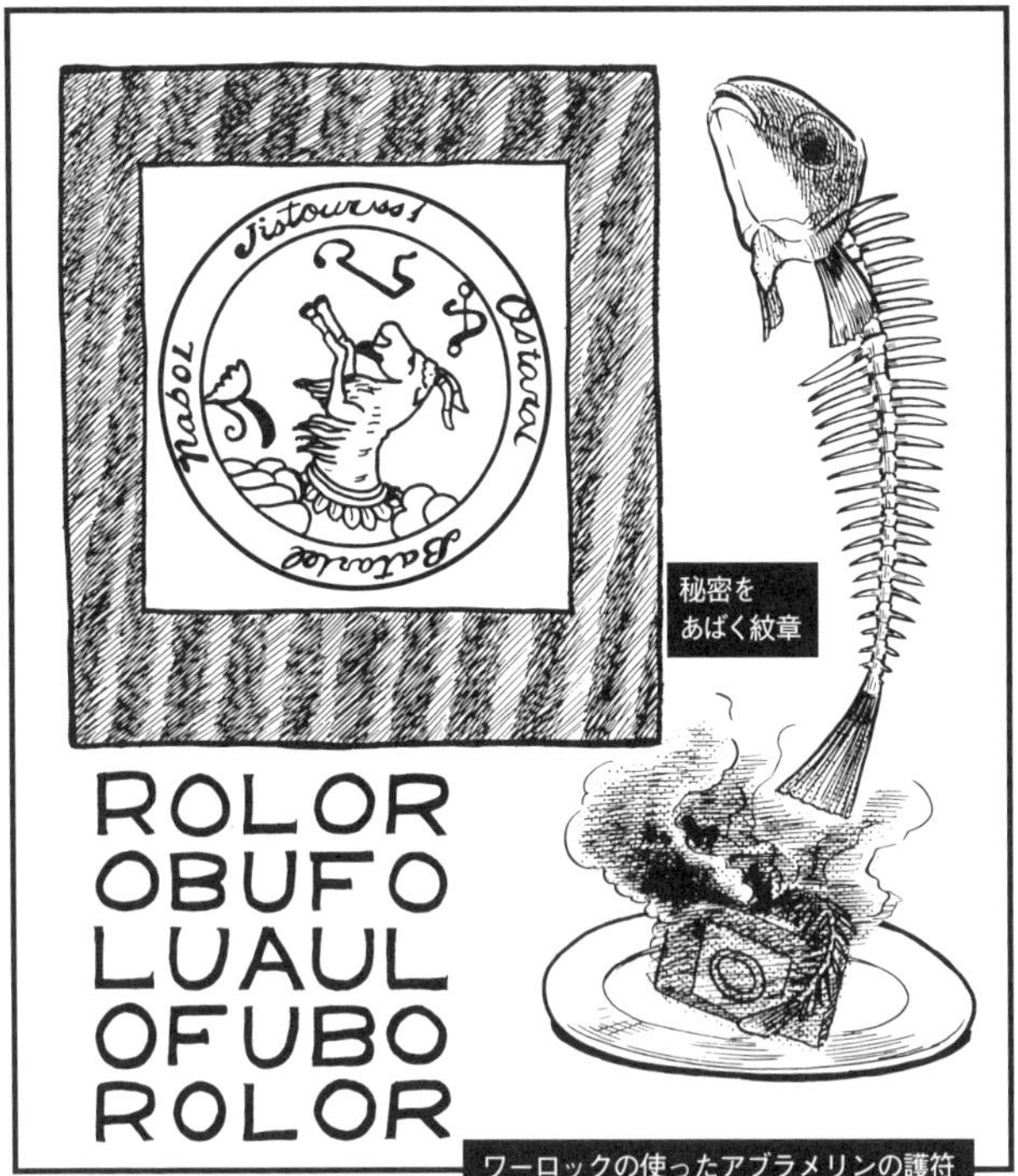
秘密を
あばく紋章
ROLOR
OBUFO
LUAUL
OFUBO
ROLOR
ワーロックの使ったアブラメリンの護符

秘密あばきの紋章

もし汝、
きわめて親しき人の隠しごとを
知りたいのならば、
乾いた木片に
秘密あばきの紋章を貼り、
乾いた大きな魚の
骨とともに燃やすがよい。
炎と煙を見ながら
一心に念ずれば、
数日ののち秘密はあばかれよう。
ただしこの呪法、
憎しみのさなかに行なうと、
不幸に見舞われる。

愛の白魔術 24

贈りものの魔法

プレゼントが功を奏する

相手を喜ばせ、相手の気持ちを自分にむける手段にプレゼントがある。しかし、相手に手渡すだけで心もとない場合には、次のようにして手渡すとよい、という魔法をいくつか紹介しておく。このなかからひとつだけ選んでプレゼントを渡す前に実行してみてはどうだろうか。

1　プレゼントの包みの隅に☿（マーキュリーのマーク）を小さく相手にわからないように針で突いて刻んでおく。マーキュリーはメッセンジャーの意味を持ち、あなたの心を伝えてくれるはずである。

2　手渡す前に大きな鳥の羽でプレゼントの上をなでながら、自分の想いをこめて相手からよい返事がくるようにと祈る。

3　リボンは赤い色を選び、結び目のところをとくに固く結んでもらい、その結び目のところに赤いバラの花びらを浮かせた赤ワインを一滴にじませてから贈る。

4　プレゼントの品に鏡を選び、包む直前に、自分の顔を映してから贈る。

5　プレゼントを渡す前の晩に香を焚きしめ、相手に自分の気持ちが伝わるようにと祈りを捧げる。翌日、渡す前に前の晩と同じ香を焚いてから出かける。

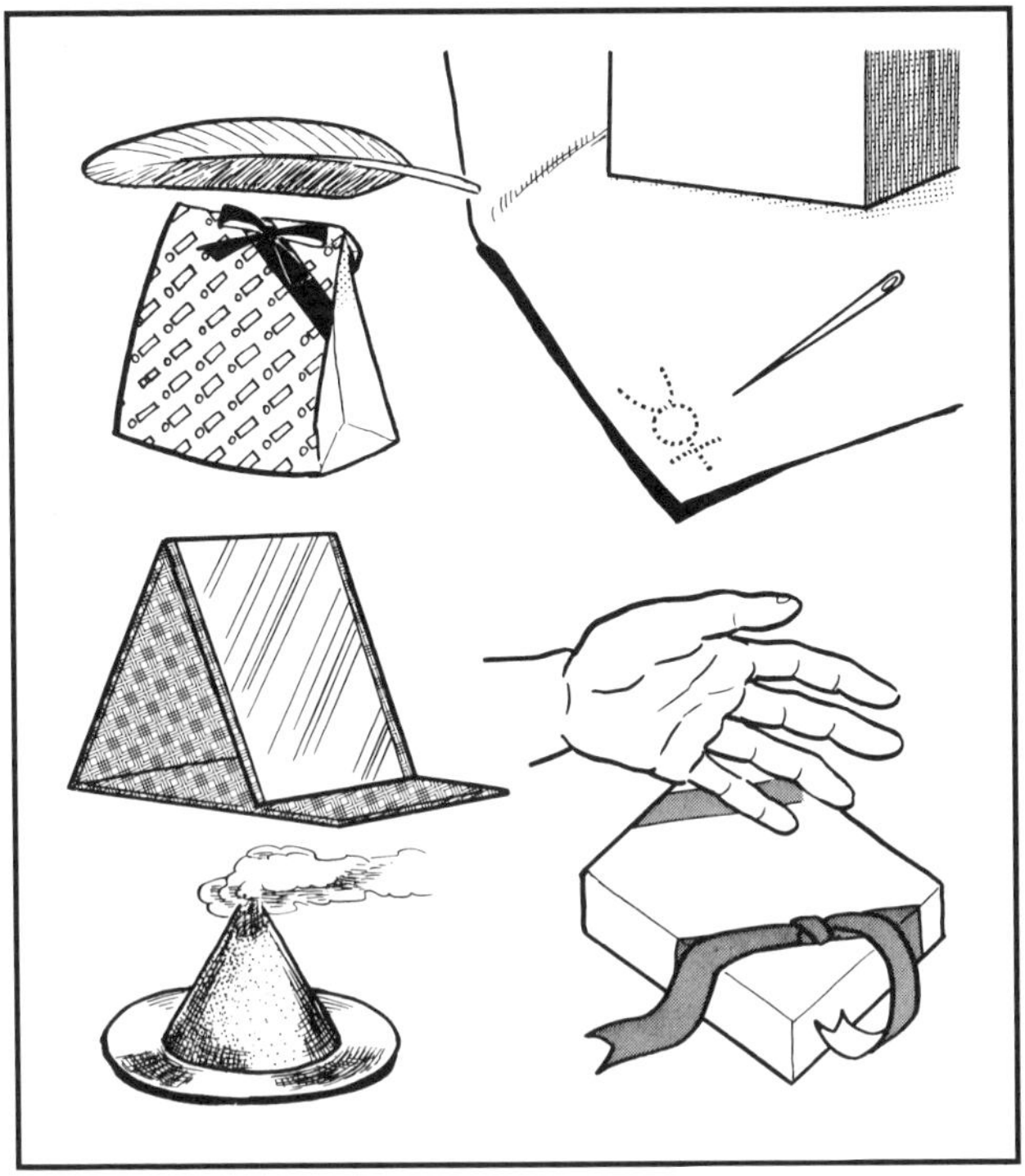

贈りものの魔法

もし汝、
好意を寄せる人物がいて、
なんとか気持ちを
傾けさせたいと願うなら、
贈りものとともに、
一、マーキュリーの術。
二、鳳の羽の術。
三、バラ入赤ワイン染めのリボン。
四、分身鏡の術。
五、香の願呪
――のいずれかを試みるがよい。
汝の愛情が、
すばらしい曲を奏でるであろう。

愛の白魔術 25

ベラドンナの媚薬

相手をセクシーな気持ちにさせる

ベラドンナというのはラテン語で〝美しい貴婦人〟という意味である。魔法植物であり、相手の心を狂おしくさせる媚薬としても、また毒薬としても使われたという。アトロピンや猛毒のアルカロイドを含んでいるので、もちろん素人は絶対に扱ってはならない。アトロピンという名は、運命の女神アトロポスに由来するベラドンナの俗名アトロッパにちなんでつけられたそうだ。このベラドンナがなぜ、相手の心を狂わすかというと、効果的に用いると目が美しく潤んだように開き、その瞳の魔力で相手を虜にしてしまうからだといわれている。

ここではベラドンナそのものを用いるようなことは危険なのでしないが、形の似た植物で応用してみよう。ベラドンナは花の形が釣鐘状になっていてスズランや釣鐘草に似ている。そこで、これら花の形が釣鐘状になったものを選び、押し花を作る。この押し花をあなたが愛し、なんとかセクシーな気持ちにさせようと願っている相手の枕の下に見つからないように入れておくと効果的である。押し花はいくつも作っておいて、月の形が変わる、上弦、満月、下弦の日に入れ替えるようにするのである。上弦や下弦の月の日は、左右が半分ずつ欠けた月の形を目安にすればよい。

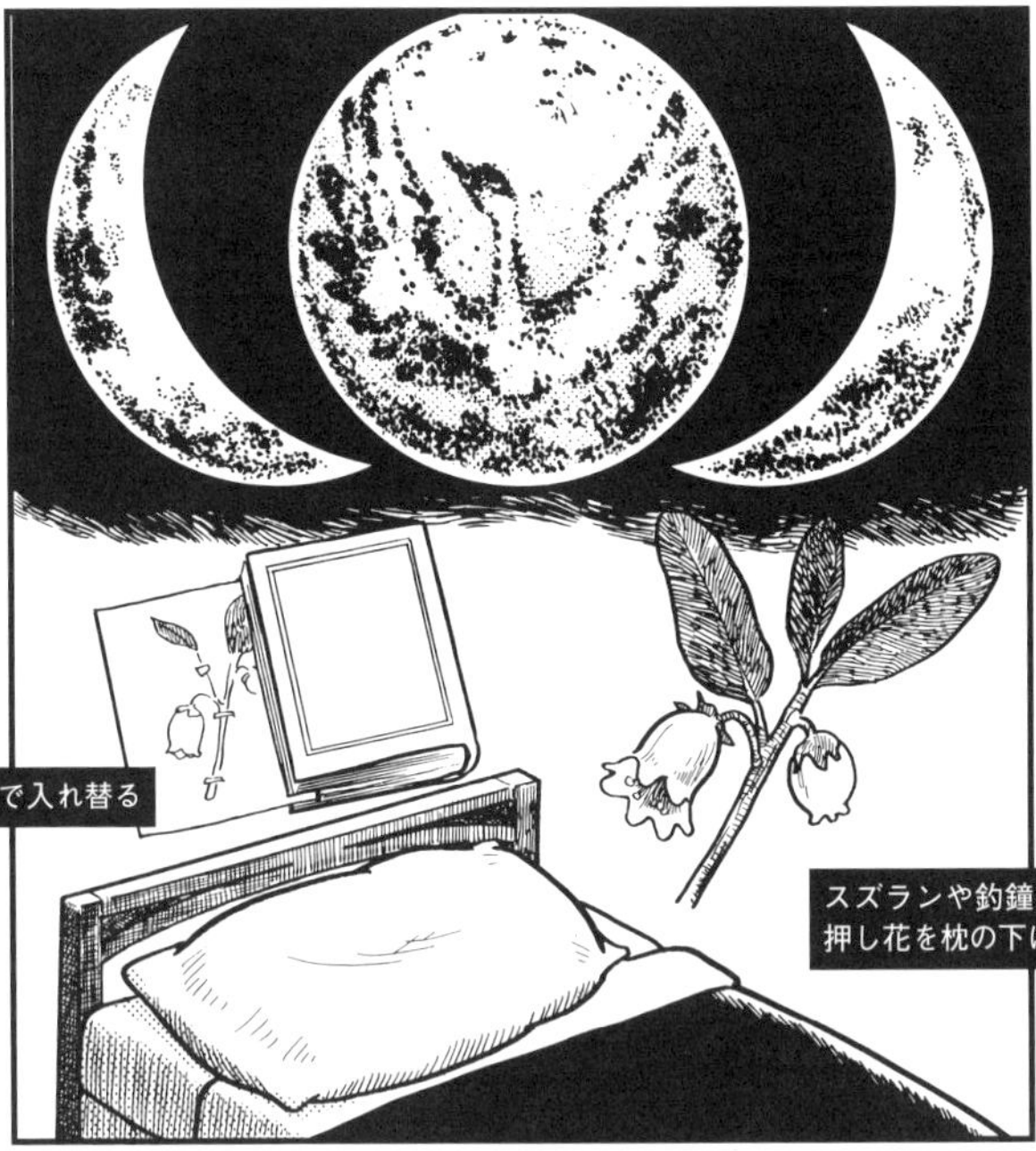
月の形で入れ替る
スズランや釣鐘草の
押し花を枕の下に

ベラドンナの媚薬

もし汝、
相手をセクシーな気持ちに
させたいと願うならば、
釣鐘草を採りて
押し花を作るがよい。
しかるのち、
愛しき相手の眠りにつく枕の下に
その押し花、忍ばせよ。
押し花はいくつも作り、
月の形が変わった日に
とり替えるようにする。
これにより、
いつも新鮮な力で
相手を魅了できよう。

愛の白魔術 26

パピヨンの呪符

失った愛をとり戻す

恋人との愛を失ったときに復縁を願うあなたのための護符である。

十センチ四方の大きさの木に図のような呪符を彫刻刀などで刻みつける。刻みつけるのが困難な場合は、太書きのボールペンで、木の表面に刻むようにしてしっかりと描くのであってもかまわないだろう。

この呪符を描くのに使う木は、かならず刻む前にオリーブ・オイルでよく拭き、きれいにしておく。そして刻み終わったあとにもやはりオリーブ・オイルを数滴たらして、そのとき、相手の心がふたたび戻ってくるように祈るのだ。

これを毎日続けることによって、相手の心はあなたのところへ戻ってくるであろう。呪符の絵のとおり忠実に刻むことが困難であれば、蝶の輪郭をうまくなぞっただけのものであってもさしつかえない。イラストを参考にしていただきたい。

そして、めでたく恋人があなたのところに戻ってきた場合には、この木片の裏側にあなたと相手の名前を書きこみ、燃やしてしまうこと。

これはギリシャ神話に由来する呪法で、蝶は霊魂を意味している。

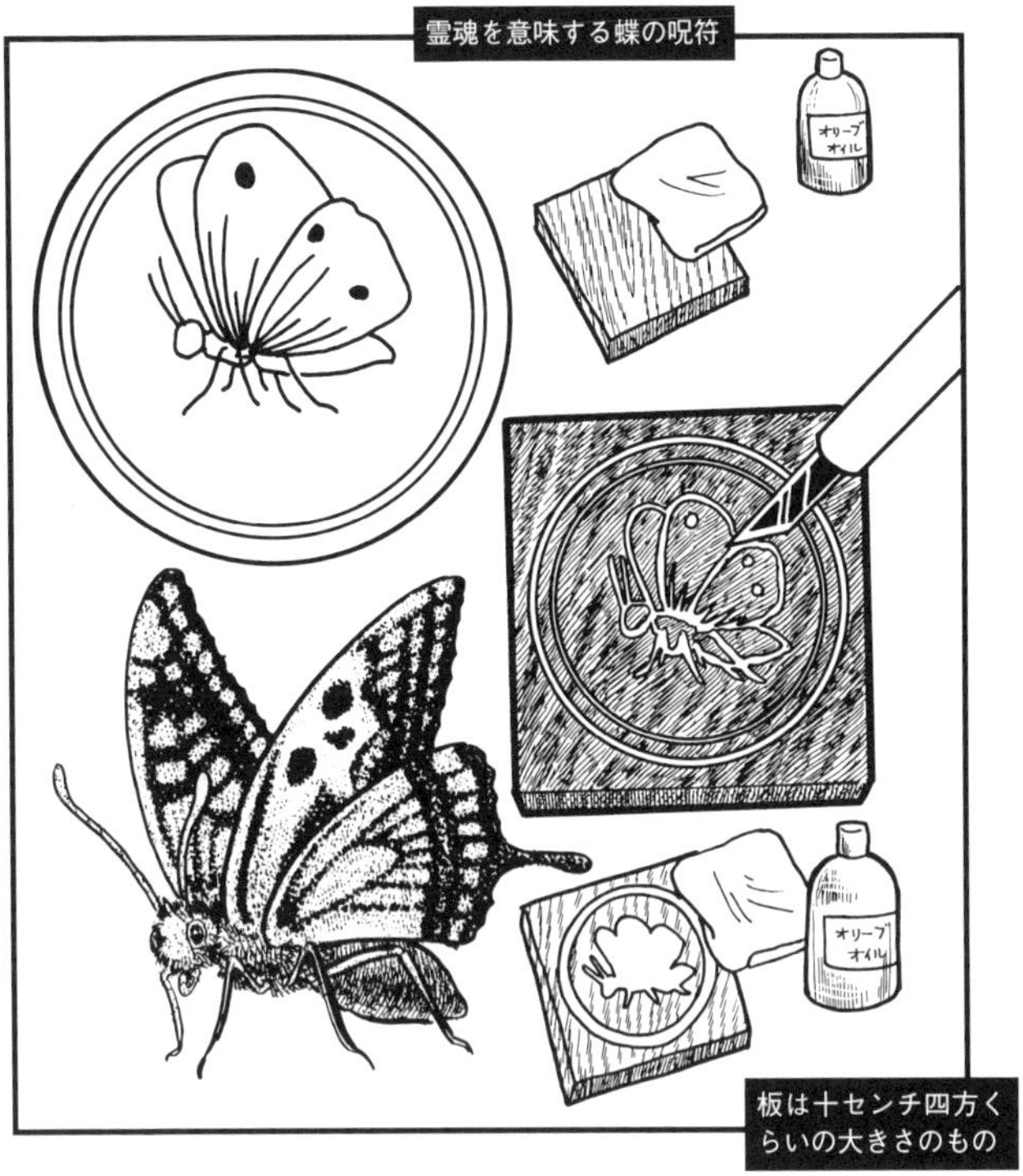
霊魂を意味する蝶の呪符
オリーブ
オイル
オリーブ
オイル
板は十センチ四方く
らいの大きさのもの

パピヨンの呪符

もし汝、
ふたたび恋人との愛を
とり戻したいと願うなら、
十センチ四方の木片を用意し、
オリーブ油で丹念に磨くべし。
そののち、
蝶の呪符を刻みこみ、
ふたたびオリーブ油を
数滴たらすがよい。
願い叶えられたら、
汝の名と相手の名を裏に記し、
燃やすこと忘れるべからず。

愛の白魔術 27

秘密隠しの紋章

知られたくない秘密や不倫を隠す

不倫を隠すなどというテーマはあまりいいテーマではないが、もし必要に迫られているのなら、次のようにするとよい。

このまじないは〝他人に弱味を見せたくない〟ときすべてに共通して使える応用範囲の広いものであるから、なにか秘密が露見するとまずいことのあるあなたなら実行してみる価値がありそうだ。円形の内側にある四角形だけを紋章として用いる。

闇夜（新月）の晩を待ち、黒い布に銀の刺繍糸で紋章を刺す。その後、インセンス（香）を七日間焚きしめてからこの紋章を持ち歩くようにすると、あなたをガードしてくれるはずである。刺繍の技術がない人なら、黒い布か紙に銀色のペンで紋章を描きこんで代用する。その場合、刺繍を施したときと同様に香を焚きしめてから、身につけておけば、同じ効果が期待できることだろう。

他人にこの紋章が見つかった場合には、三カ月以内に秘密がバレてしまうことになるのでくれぐれも用心する必要がある。抹消するときには満月の日を選び、オリーブ・オイルを数滴たらしてから燃やしてしまうこと。

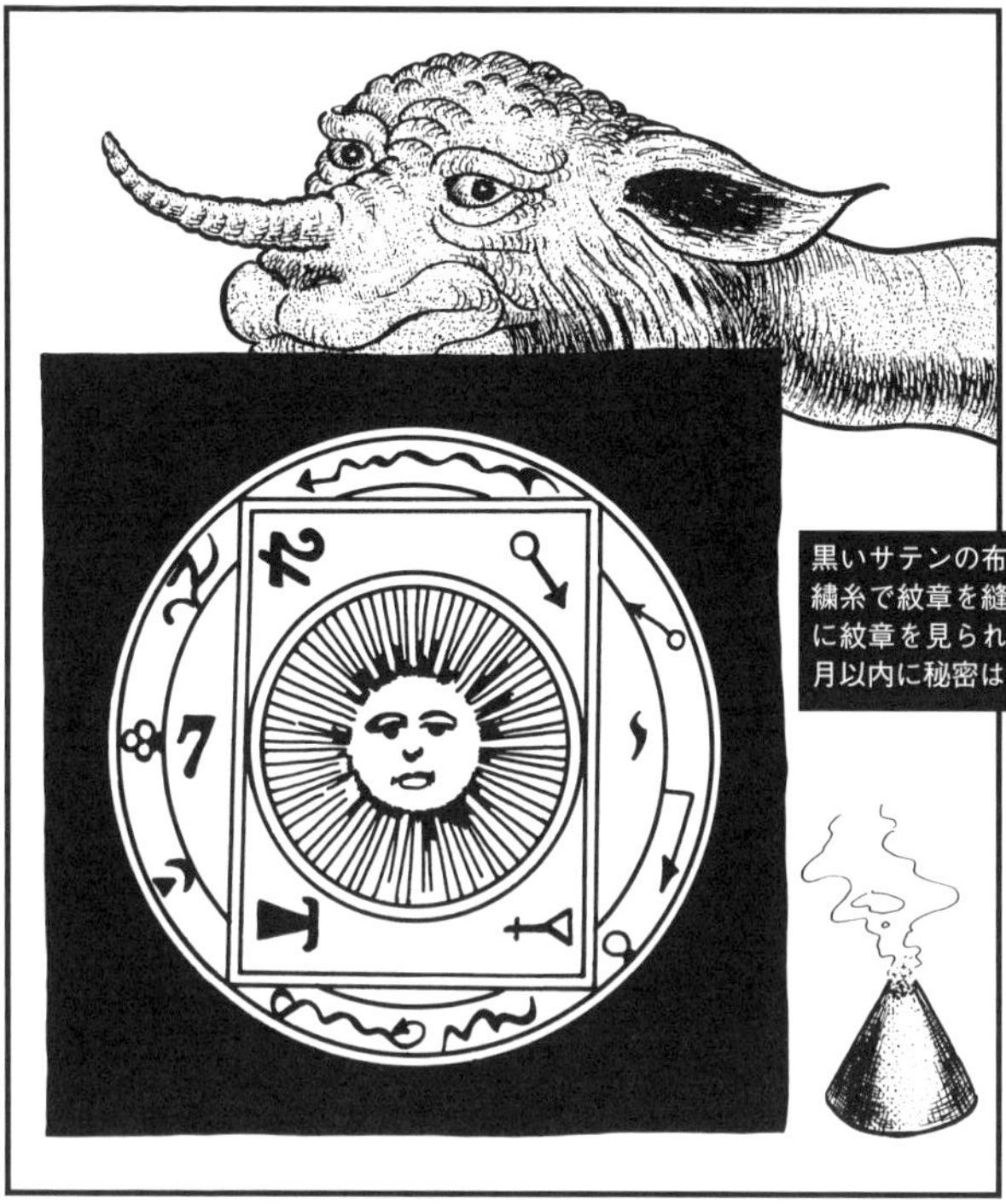
黒いサテンの布に銀の刺繍糸で紋章を縫う。他人に紋章を見られると三カ月以内に秘密はバレる

秘密隠しの紋章

もし汝、
他人に知られたくない
秘密あるならば、
秘密隠しの紋章を作り、
持ち歩くがよい。
暗闇の晩、
黒サテン布に銀の糸で、
定められた紋章を刺繍する。
これを七日間、
香で焚きしめよ。
この紋章、
人の目にふれた時は、
三カ月以内に汝の秘密露見しよう。
心して持ち歩け。

すぐにできるおまじないあれこれ——①

◆白い鳥が屋根の上にとまったとき◆

目の前で白い鳥が、塔の先とか屋根、電柱など高いところにとまったら、その鳥は、愛や友情の使者である。飛びたって行ってしまうまで、静かにその場で見守っておくこと。

その後、ケンカ別れをしてしまった友や恋人、以前から交際を申しこみたかった相手などに手紙を書いて送れば、かならず心が通じるはずだ。

◆コインを拾ったとき◆

コインを拾うのは、それがたとえ一円玉であろうともラッキーな兆しである。拾ったら財布のなかにしまい、ほかのお金といっしょに使ってしまわないようにすること。そうすれば、どこからか金運が舞いこんでくるだろう。

また、片想いの相手がいるなら、その人の写真の裏に拾ったコインを貼りつけ、そっとしまっておくとよい。願いが叶ったら、そのコインは友だちにあげ、幸運を分けてあげるようにする。

◆黒猫が目の前を横切ったとき◆

黒猫の魔力から身を護るため、進もうとしている方向と逆の方向に五、六歩ひき返し、もう一度出なおすとよい。もし、脇にそれるまわり道などがあったら、そちらに曲がって目的地まで行けば完璧である。

◆カラスがうるさく鳴くとき◆

カラスが上空を飛びかいながら鳴きさわぐときは、右手の人差し指をカラスの飛ぶ方と反対の方向の頭上にかざし、力強く線を描きながら、「エヒロイイッサム」と唱えるとよい。

こうすれば、すべての悪因は封じられ、身のまわりで悪いことが起きることもなくなるであろう。

対人関係をよくする白魔術

—実践法2—

対人関係をよくする白魔術 1

縞めのうの秘呪

イヤな上司、同僚を避ける

上司は部下を選べるが、部下から上司を選べないのが宮仕えのつらいところだ。よい上司の下で働くことができればラッキーだが、なかにはとことん波長が合わないイヤな上司もいる。そんなときにはアルベール・ル・グランのこのアラブの秘法が効きめを現してくれそうである。

黒色の縞めのうはアラビアで発見され、白い縞が入っているものがもっとも上等とされている。それを男性の首か指につけさせれば相手は悲哀を感じ、臆病になるという。そして、内省的になり自分から離れていくか、あるいはあなたに対する攻撃をゆるめるはずだ。

とはいえ、ネコの首に鈴をつけにいくようなことはできないので、タイピンやカフスボタンにかえてプレゼントするか、上司やイヤな同僚の机の引き出しの隅のほうに相手に気づかれないように入れておく方法がある。応用範囲の広い魔法である。イヤになってしまった恋人と別れたいときにも、彼に縞めのうでできている装身具をプレゼントして身につけさせてはどうだろう。本物が高価であるなら、もちろんイミテーションでもかまわない。しかし、その際にはきれいに縞模様が出ているものを選ぶようにしたい。

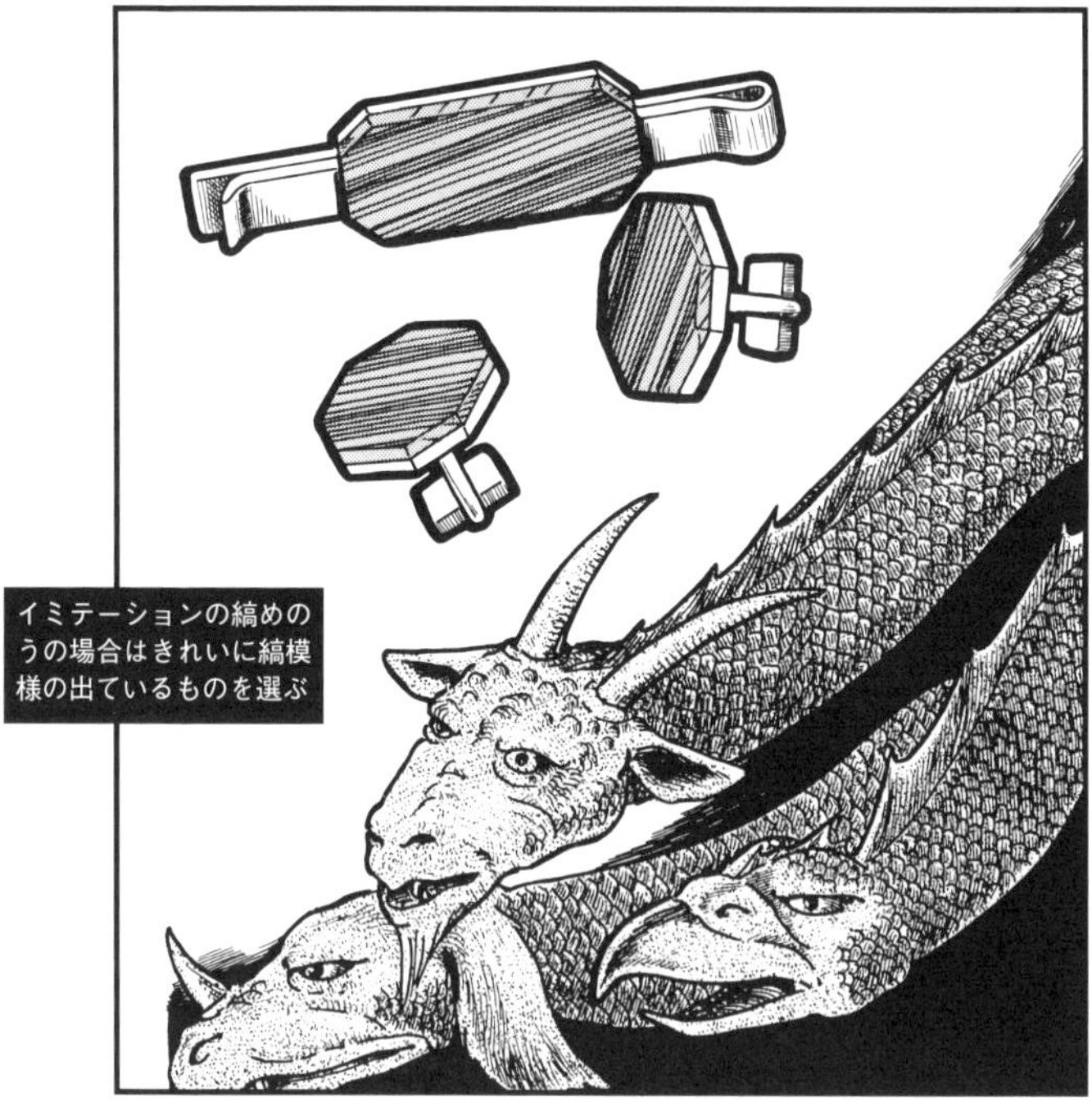
イミテーションの縞めのうの場合はきれいに縞模様の出ているものを選ぶ

縞めのうの秘呪

汝、
波長の合わぬ上司、
同僚と離れたいと願うならば、
アラブの白魔術の助けを借り、
黒色の縞めのうを
手に入れるがよい。
その縞めのう、
相手に贈りて、
首か指につけさせる。
身につけさせることかなわざれば、
相手の机の片隅に、
密かに入れておくもよい。
おのずと内省的になろう。

バニラの魔法

ヒステリックな人を温和にする

バニラの甘い香りは菓子に使われるだけでなく、精神の安定剤としての効果もあるといわれている。試みで、ロマンチックな恋を求める媚薬として使われたという事実もあるようだ。このバニラの実やエッセンスを使って、ヒステリックな人を温和にする魔法もあるくらいだから……。

もし、あなたが交際している相手、あるいは友人や同僚、上司などがしばしばヒステリーをおこし、あなたを悩ませているようなら、このバニラのリキュールをすすめてみよう。機会があるかぎり、このお酒をすすめ続けていると、相手はやがて温和な人物に変わってくる。オレンジリキュールにバニラをごく小量混ぜ、水で割って飲ませるのである。

このとき、チェリーなどの他の果実を入れることはしないほうがよい。なぜなら、他の果実を入れることによって、このリキュールのもつ魔法の力がまったく変わってしまうからである。たとえば、相手が自分から離れられなくなるなど……。時と場合によっては、困ってしまうような事態が発生してしまう。お酒をともにする時間や日は、週の後半のほうがよく、時間は夕方の六時をすぎてからのほうが効果的だといわれている。

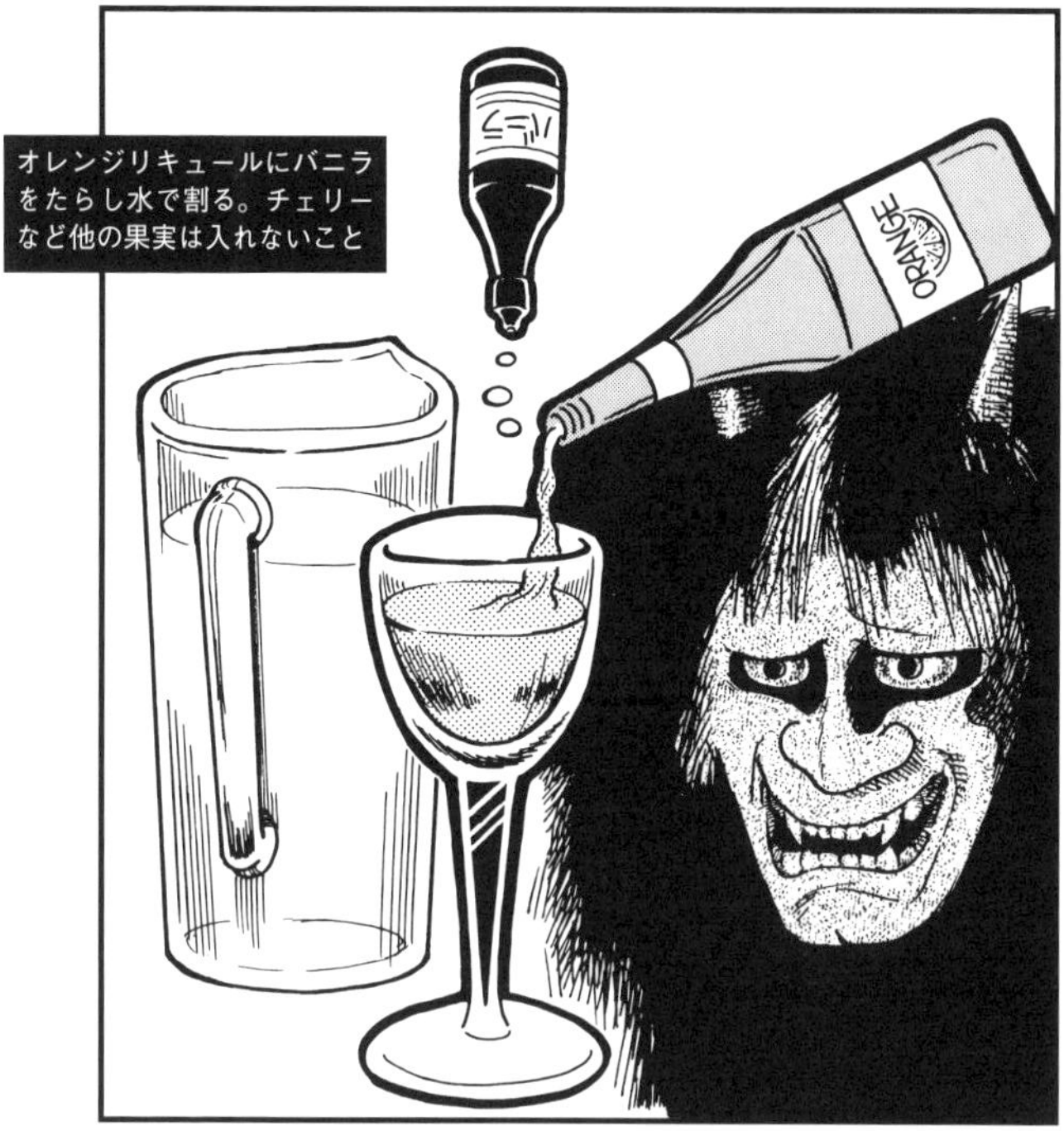
オレンジリキュールにバニラをたらし水で割る。チェリーなど他の果実は入れないこと
ORANGE

バニラの魔法

汝、
周囲にヒステリックな
人物ありて悩まされし時は、
バニラの甘い香りで
心に潤いを与え、
温和な性格へと
変えてしまうがよい。
オレンジリキュールに
バニラをごく小量たらした
酒を飲ませるのが、
最良の方法なり。
ただし、
この時、
他の果実を入れてはならない。

対人関係をよくする白魔術 3

ヘリオトロープと狼の歯の魔除け

人から絶対妬まれないようにする

アルベール・ル・グランは伯爵家の出身で、一一九三年にローウインゲンで生まれ、一二八〇年にコローニュ（ケルン）で生涯を終えた中世でもっとも有名な魔術師である。彼は一二二二年にトミニック派に入り科学を学び、ラチスボンヌ、コローニュ、パリなどで神学や哲学も教授していたようである。彼の秘典は一六五一年に出版されたが、その内容はアラビアおよびユダヤの秘法を応用したものが多い。

そのなかの一つを使って、人から絶対に妬まれないように自分をガードしよう。ヘリオトロープという植物は、カルディアでもギリシャでも〝太陽のほうを向くもの〟というような意味をもつ。この草を摘むのは八月が一番適しているが、もちろん、八月以外でもいっこうにかまわない。さて、ヘリオトロープを摘んだら狼の歯とともに月桂樹の葉に包んで持てば、多くの人を従えることができ、しかも、人から絶対に妬み、嫉みをうけることがないという。しかし、現代社会のなかで狼の歯を手に入れるなど至難の技である。そこで、この部分は猛獣の爪か歯、なければ象牙などにかえてもかまわない。デパートの東南アジア物産展などで手に入れることができる。月桂樹の葉は調理用のローリエで代用してもよい。

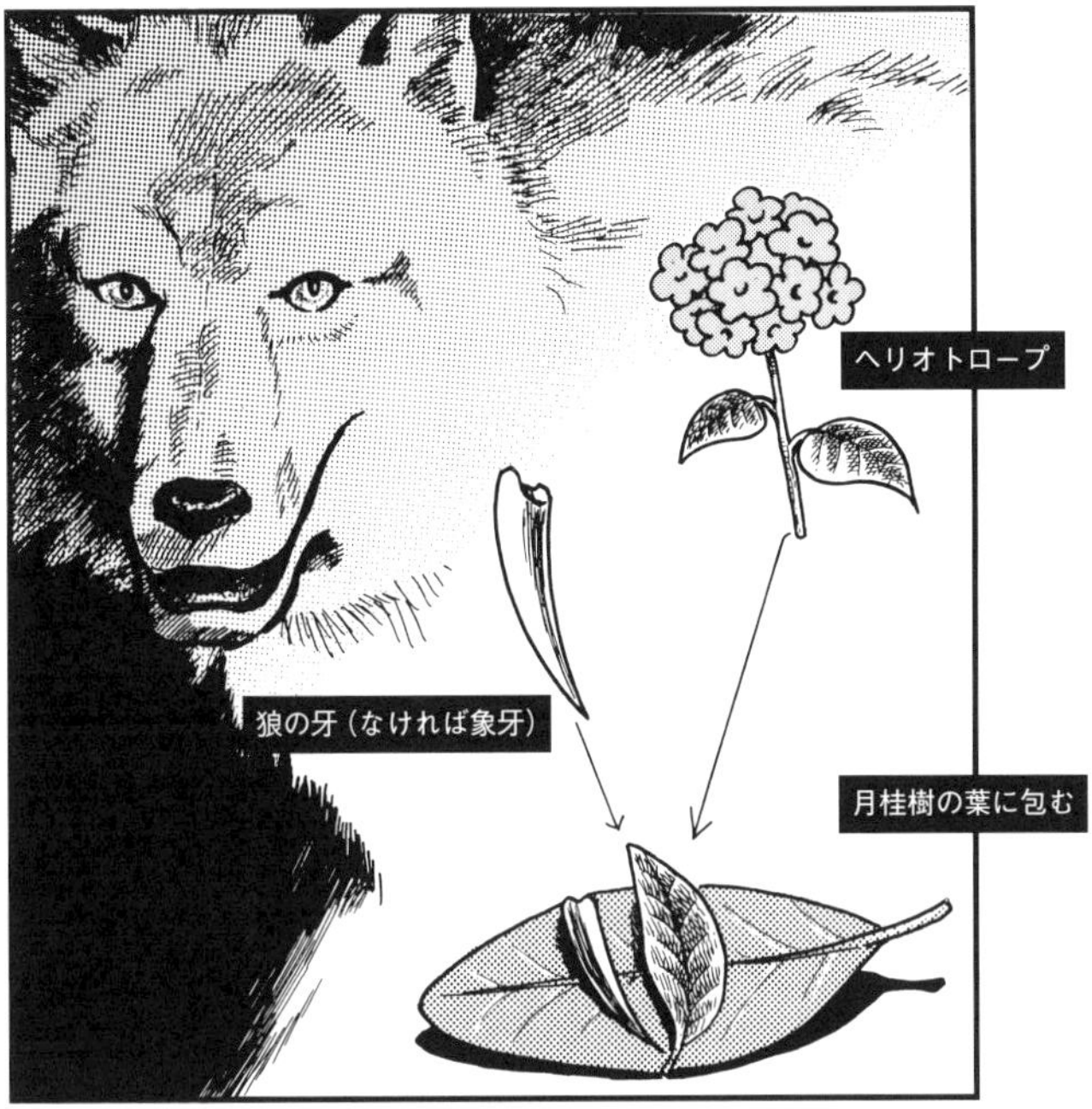

ヘリオトロープと狼の歯の魔除け

もし汝、他人より
妬まれやすい立場にいるならば、
ヘリオトロープを摘み、
狼の歯とともに
月桂樹の葉に包みし魔除け、
つねに持ち歩き、
その身を守るがよい。
まわりの者、
汝に従い、
その大きな力を思い知るであろう。
これはユダヤに伝わる秘法なり。

対人関係をよくする白魔術 4

アンゼリカの秘酒

人間関係を円満にする

人と人との間で生きているから人間というらしいが、やはり人間関係は円満であるにこしたことはないだろう。いま、まったく問題がないのならとくにすすめるまじないではないが、どことなくしっくりこない人間関係のはざまで陰々滅々としているのであれば、試してみるのも悪くない。

アンゼリカはセリ科の多年草で、語源はエンジェル。悪霊や呪術から身を守る力もあり、魔法に使う場合は使用目的が多様的である。

さて、新月の日に（満月から数えて十四日目である）このアンゼリカをバニラ、シナモンとともにごく少量強い酒に加え、満月の夜がくるまでねかせておく。それを仲よくしたい人に飲ませたり、ツキのないときに自分で飲むようにする。そうすれば驚くほど、なにもかもうまくいきはじめ、自分に自信がついてくることだろう。

宴会のときなどは、アンゼリカをウイスキーや焼酎などのなかに少し入れ、みんなに振舞うと、和気あいあいとした楽しい人間関係の輪が広がっていくはずだ。しかし、くれぐれも入れている現場を目撃されないように！

アンゼリカの秘酒

もし汝、
人間関係がうまくいかず
悩んでいるのであれば、
アンゼリカの秘酒を試みよ。
新月の夜、
アンゼリカとバニラ、
シナモンをごく少量、
強い酒に加え、
満月の夜までねかせておく。
その秘酒、
相手に飲ませるか、
自分で飲むがよい。
驚くほど打ちとけ、
人間関係円滑にいこう。

対人関係をよくする白魔術 5

紅バラ白バラの魔法

ケンカした友達と仲なおりする

十五世紀後半のことである。紅バラを紋章としたランカスター家と白バラのヨーク家とのあいだに王位争いがおこり実に三十年間も続いたという。これは歴史的にはバラ戦争と呼ばれるものである。結局、ランカスター家のヘンリー七世がヨーク家のエリザベスを妻に迎え、チューダー王朝をおこし争いは鎮静したのであるが、このときに紅白のバラを組み合わせた紋章がチューダー・ローズで、現在もイギリス王室の紋章であり、国花となっている。

バラにまつわる話はいろいろ多いが、ケンカした友との交友復活を願うときには紅バラを一本、白バラを一本用意し、闇夜（新月）の晩に一番大きな花びらをそれぞれ三枚ずつとる。その六枚のバラの花びらを紅、白、紅……というように交互に糸で輪につないで、カラカラに乾燥するまで部屋の北側にぶら下げておく。

満月の晩になったら、その輪をとりはずして燃やしてしまおう。しばらくするうちに、友人とのあいだにはまた友好ムードが高まってくるはずである。花びらをとる作業中にバラのトゲが手にささったりしたときには、この友人とのケンカの原因には、第三者の中傷があったことを暗示しているといわれる。

紅バラ白バラの魔法

汝もし、仲たがいした友人との交友復活を望むなら、紅白のバラを一本ずつ用意するがよい。そして、闇夜の晩に、もっとも大きな花びらをそれぞれ三枚ずつとり、交互に並べて糸で輪につなげる。これを部屋の北側にぶら下げ、完全に乾燥するまで待て。次の満月の光が窓よりさした日に、花びらの輪をはずし、燃やすがよい。その炎、友情ヒビ割れし原因を焼きつくすであろう。

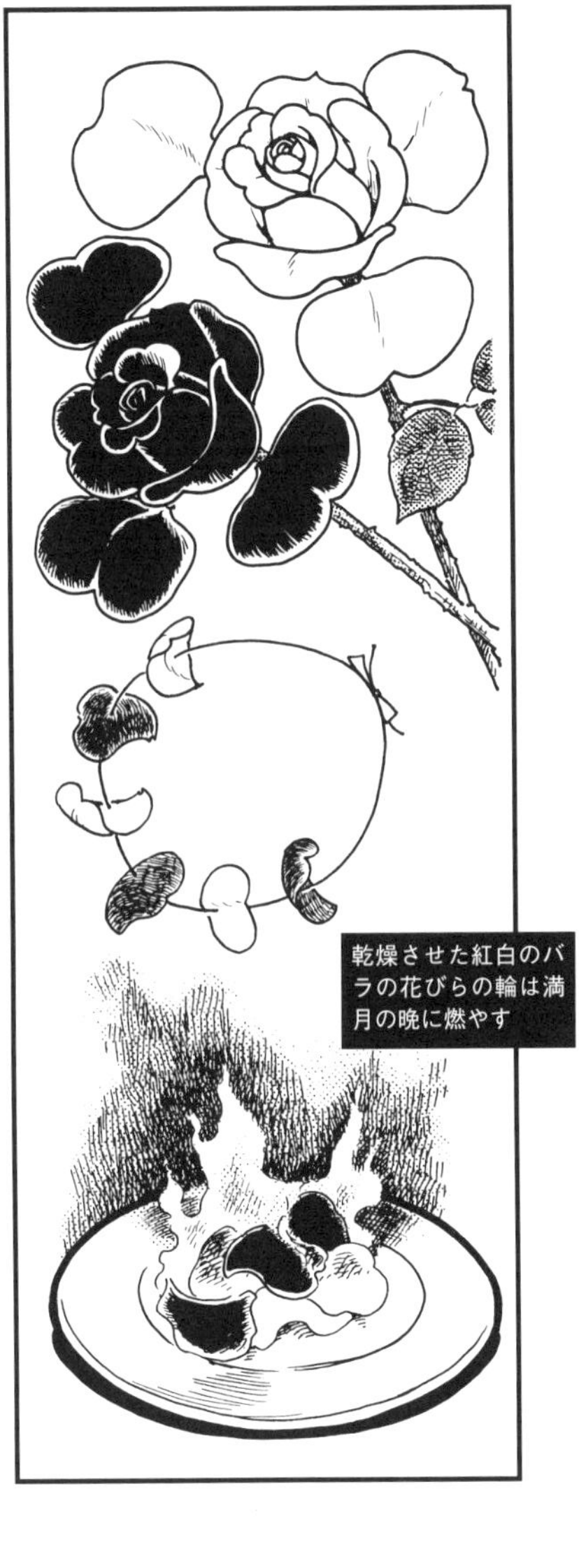
乾燥させた紅白のバラの花びらの輪は満月の晩に燃やす

対人関係をよくする白魔術 6

アブラカダブラ

相手の怒りをやわらげる

誰でも一度は耳にしたことがある呪文〝アブラカダブラ〟を使った魔法である。もとは災いや病気をはらう呪文であり、医師が呪文を唱えながら逆三角形にして羊皮紙に書いていったという。最後はかならずAで終わるようにしなければまったくなんの意味もないアルファベットの羅列に終わってしまうので、注意して書かなければならない。起源はヘブライ語とも古代エジプト語ともいわれているが定かではない。

相手の怒りを和らげたいときには、この呪文文字を使う。まず、怒らせてしまった相手の名前を白い紙に大きく書く。そして、その上からこの文字をかぶせるようにして書きこんでいくのだ。

相手の名前はすべて、このアルファベットの逆三角形のエリアに入るようにし、少しでも姓名がとびだしてはいけない。書き終わったら丸めて筒のようにし、毎晩枕もとにおいて眠るようにする。これでしばらくすると相手の怒りも緩和してくるはずだ。そうとなれば、いつまでも持っていなくともよいので、土曜日の朝に五回にわけて紙を破り処分してしまおう。この方法で処分したのなら、もちろん、そのままゴミ箱直行でもさしつかえない。

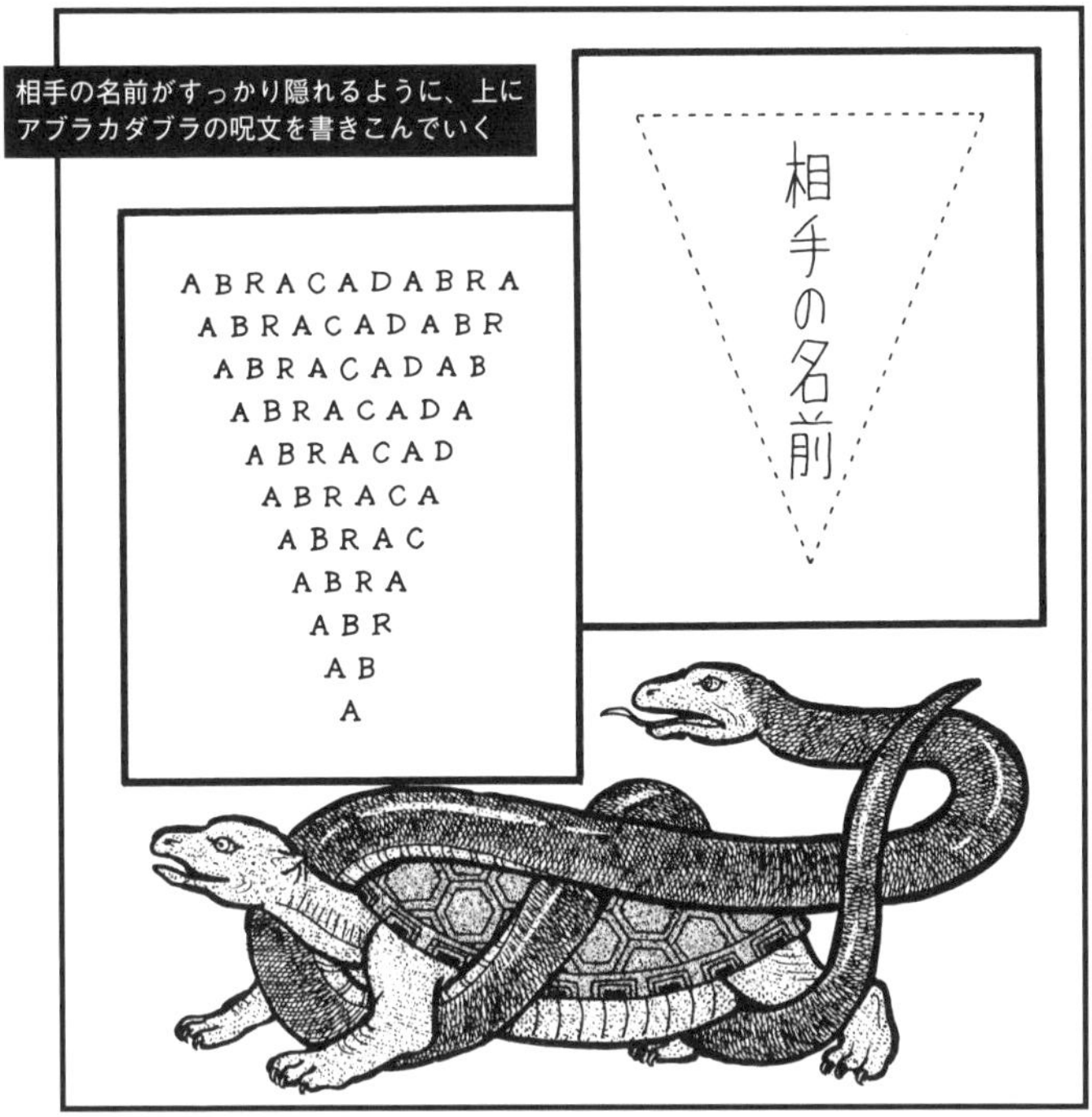
相手の名前がすっかり隠れるように、上に
アブラカダブラの呪文を書きこんでいく
ABRACADABRA
ABRACADABR
ABRACADAB
ABRACADA
ABRACAD
ABRACA
ABRAC
ABRA
ABR
AB
A
相手の名前

アブラカダブラ

もし汝、
相手の怒りをやわらげんと願うなら、
古代より伝わるアブラカダブラの
呪文を使うがよかろう。
白き紙に相手の名を大きく記し、
その上に
逆三角形の呪文をかぶせるように
書きこむ。
しかるのち、
筒状に丸めて
枕もとに置いて寝るがよい。
ゆっくり効果あらわれよう。

対人関係をよくする白魔術 7

ニケの勝運のお守り

自分の実力を認めさせる

ニケは戦場を駆けめぐり、勝者を選んで栄光とその後の戦いの勝運を与えた勝利の女神である。ニケはまた足の速い運命の使者であり、翼をつけ神々の伝令役にもなっていた。

ルーブル美術館で見ることのできるサモトラケ島のニケは、紀元前二世紀ごろに創られたといわれ、ギリシャ造形の純粋さの典型と謳われている。この彫像はロードス島の人民が、シリアのアンティオユス三世と戦い勝ち星をあげた記念に、サモトラケ島の神殿に奉納したといわれているダイナミックな彫像である。機会があればぜひ自分の目で確かめ、その像からのパワーを全身に充電してくるとよいだろう。

さて、ここではなにも美術史の解説を行なっているわけではない。自分の実力を認めさせるためにこのニケの写真を一枚手に入れてほしい。パンフレットなどの切り抜きでもかまわない。その写真の裏側にビッシリと鳥の羽を貼り、手帳などのあいだにはさんでいつも携行する。そして、ときどき、写真に手をふれニケの加護を祈るのである、〝来たれ勝利〟……と！　ニケの加護は、いつも心から欲する者に与えられる。信じて疑わない者であれば誰でもニケからの加護を受ける資格があるのだ。

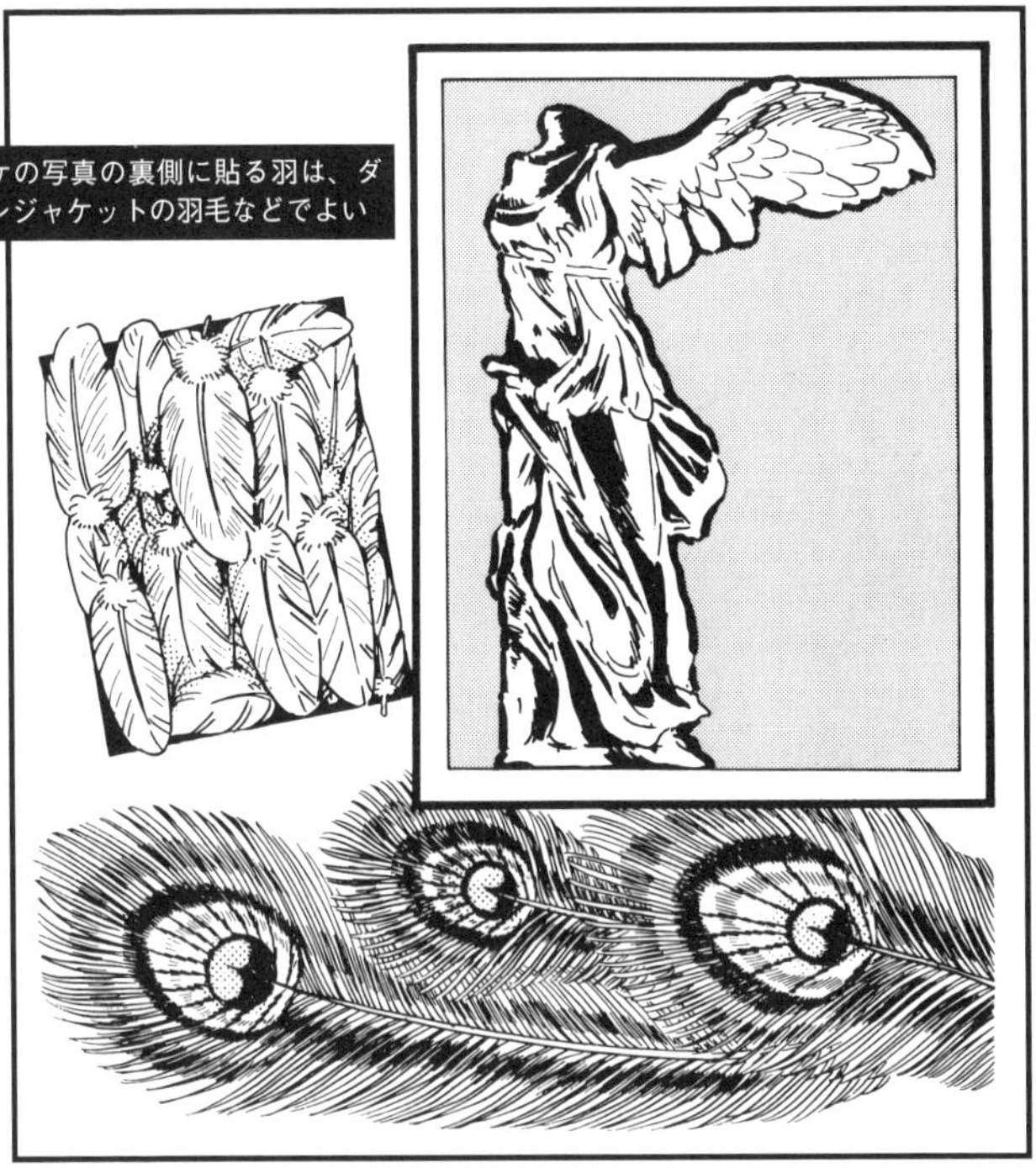

ニケの写真の裏側に貼る羽は、ダウンジャケットの羽毛などでよい

ニケの勝運のお守り

もし汝、
多くの人びとに力を認めさせ、
信望を集めたいと望むならば、
勝利の女神ニケの力を
借りるがよい。
まず、
ニケの写真を手に入れ、
その裏側に
たくさんの鳥の羽を貼りつけよ。
そのお守り、
つねに身につけ、
折にふれ手にしては、
「来たれ勝利」
とニケの加護を祈れ。

対人関係をよくする白魔術 8

ヒイラギの魔封じ

クラスのいじめっ子から身を守る

ヒイラギの葉は鋭いギザギザの葉である。この葉には悪魔や悪霊を追い払う強力な力があると信じられ、その言い伝えが、今日でも風習となって残っている。クリスマスが近づくと、戸口に飾ってあるのを見かけるが、それは、入口から悪い霊が入ってこないように！　という〝悪霊封じ〟の信仰があるからである。

ある国では、子供の枕の下にヒイラギを入れて眠らせたり、持ち歩かせたりすると絶対にいじわるをされない……という言い伝えもあるし、また、十七世紀の植物学者ニコラスは、ヒイラギの実を食べることを奨励している。

クラスのいじめっ子から身を守るには、このヒイラギの葉を九枚赤い糸で束ね、いつも持ち歩いているとよい。

枯れて茶色になったら手のなかで揉みこむようにして、クラスのいじめっ子が住んでいる方向にむかってバラバラにして吹き飛ばし、また新しい九枚の束を作る。

これをくり返しているうちにいつしか、いじめっ子はなりを潜めてしまうことだろう。ヒイラギをバラバラにして吹き飛ばす時間は、夕方の六時ちょうどにするとよい。

九枚のヒイラギの葉を赤い糸で束ねる。枯れたらバラバラにして吹き飛ばし、また新しい束を作ること

ヒイラギの魔封じ

もし汝、
学校や職場で
いじめにあっているならば、
ヒイラギの魔封じで
身を守るがよい。
ヒイラギの葉九枚を
赤い糸でひとつに束ねる。
それをいつも肌身離さず持ち歩く。
枯れてしまったら
バラバラにして、
夕刻六時に
相手の家に向けて吹き飛ばし、
ふたたび作り直すがよかろう。

ウラヌスの秘呪

一生の友を得ることができる

天王星は、一七八一年三月十三日に発見された惑星である。天王星は発見以来、「友愛」の星として多くの人びとに親しまれてきた。また、ウラヌスというのはギリシャ神話では、さまざまな神々の始祖となった天の神の名である。

一年に一度、三月十三日でないと効力を発揮しないこのまじないは、不合理なまじないかもしれないが、たとえ一年待っても一生の友を得ることができるのであれば、あながち捨てたものでもないだろう。しかも、内容は小学生だって実行できるくらいに容易なものであるのだし……。

さて、やり方はまず、あなたの友の名を十二名紙に書く。そして、十三人目にあなたが友としたいと思っている人の名前を書き、最後に紙の上に♅(天王星)のマークを記入する。そして、高いところから飛行機にして自然のなかへ飛ばす。あるいは、川に流すのである。

これから、新しい出会いを願うなら十三人目は空白とし、そのかわりに目の絵を描きこんでおく。古来から目には不思議な霊力があるとされ、太陽神ホルスの目をかたどった護符が古代エジプトではさかんに用いられたという。

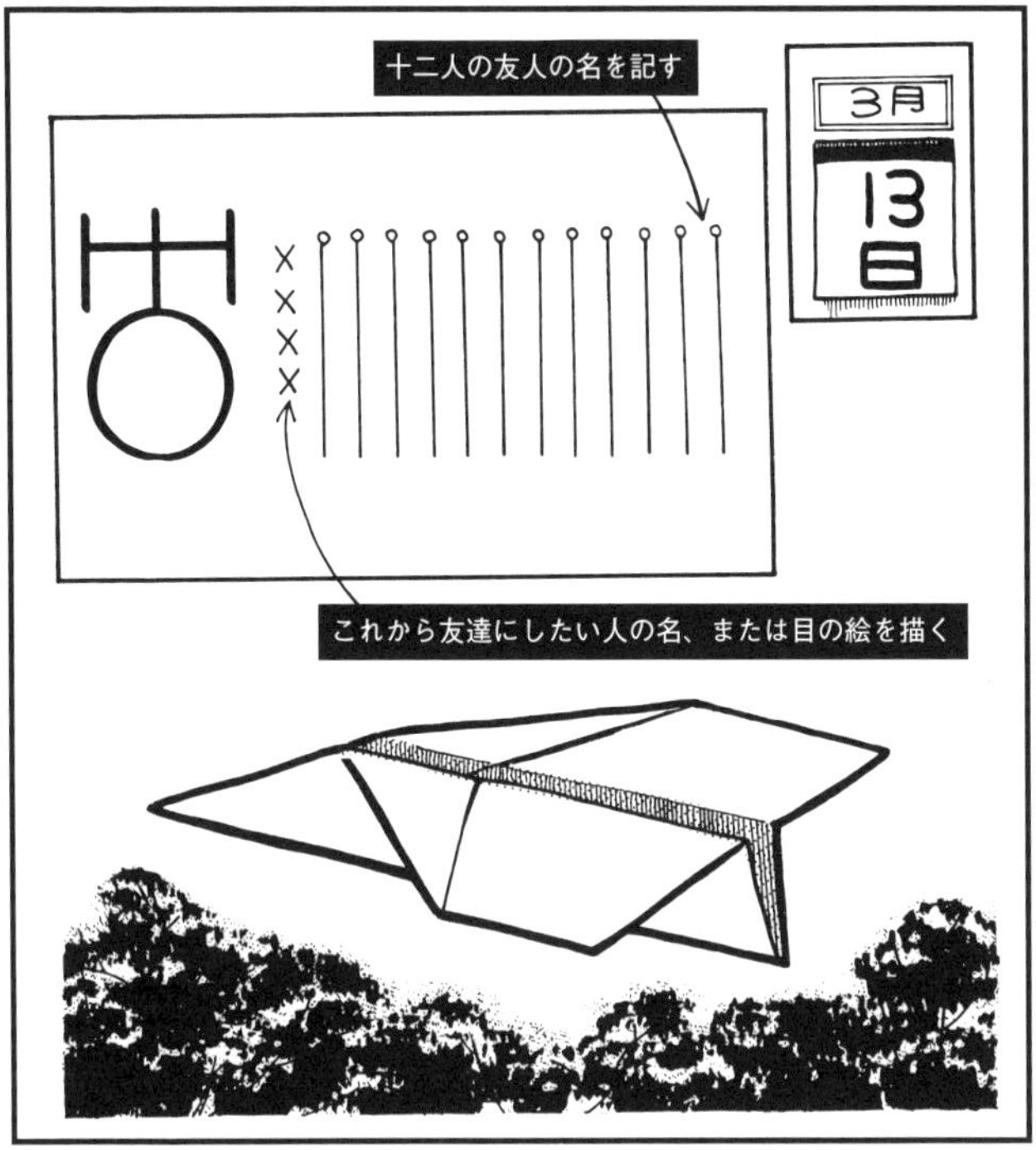

十二人の友人の名を記す
3月
13日
これから友達にしたい人の名、または目の絵を描く

ウラヌスの秘呪

もし汝、
一生の友を得んと願うなら、
年に一度の機会を逃してはならぬ。
三月十三日、
汝の友の名を
十二人白き紙に書き、
十三人目のところに、
友にしたい相手の名を記せ。
しかるのち、
紙の上にウラヌスの印、描きて、
川に流すか、
大自然のなかに飛ばすがよい。
名前のかわりに目を描くもよい。

対人関係をよくする白魔術 10

破鏡の術

イヤな相手と別れることができる

イヤな相手……といってもなにも恋ばかりが中心ではない。日常生活のなかで思い浮かぶ、イヤなやつのあの顔、この顔……。そんなにたくさんいたのでは、この魔法でもカバーしきれるものではないが、どうしても別れたい相手がいるのであれば一度、試してみられたい。

これは、中国の仙術のひとつであり〝破鏡の術〟という。夜中の十二時ぴったりに行ないたいので、その前に沐浴し、心を鎮めておく。そして十二時になったところで、洗面器にきれいな水を張り、それを前に置いて正座し、イヤな相手の顔をイマジネーションする。

相手の顔がリアルに浮かびあがってきたらパッと目を開いて、洗面器の水鏡をジッと見る。そこに、相手の顔が残像として少しでも残っていたら、「エイッ！」とかけ声をかけて、水鏡を手刀で切るのである。

これを七日間のあいだ続けていると、あなたの目から相手を遠ざける光が出て、しだいに縁が薄れていくことだろう。水鏡に使ったあとの水は、相手の家の方角に向かって流してしまう。その方向に流すことがかなわなければ、手のひらを水につけ、紙に手形をおしてからその方向の土のなかに捨ててしまえばよい。

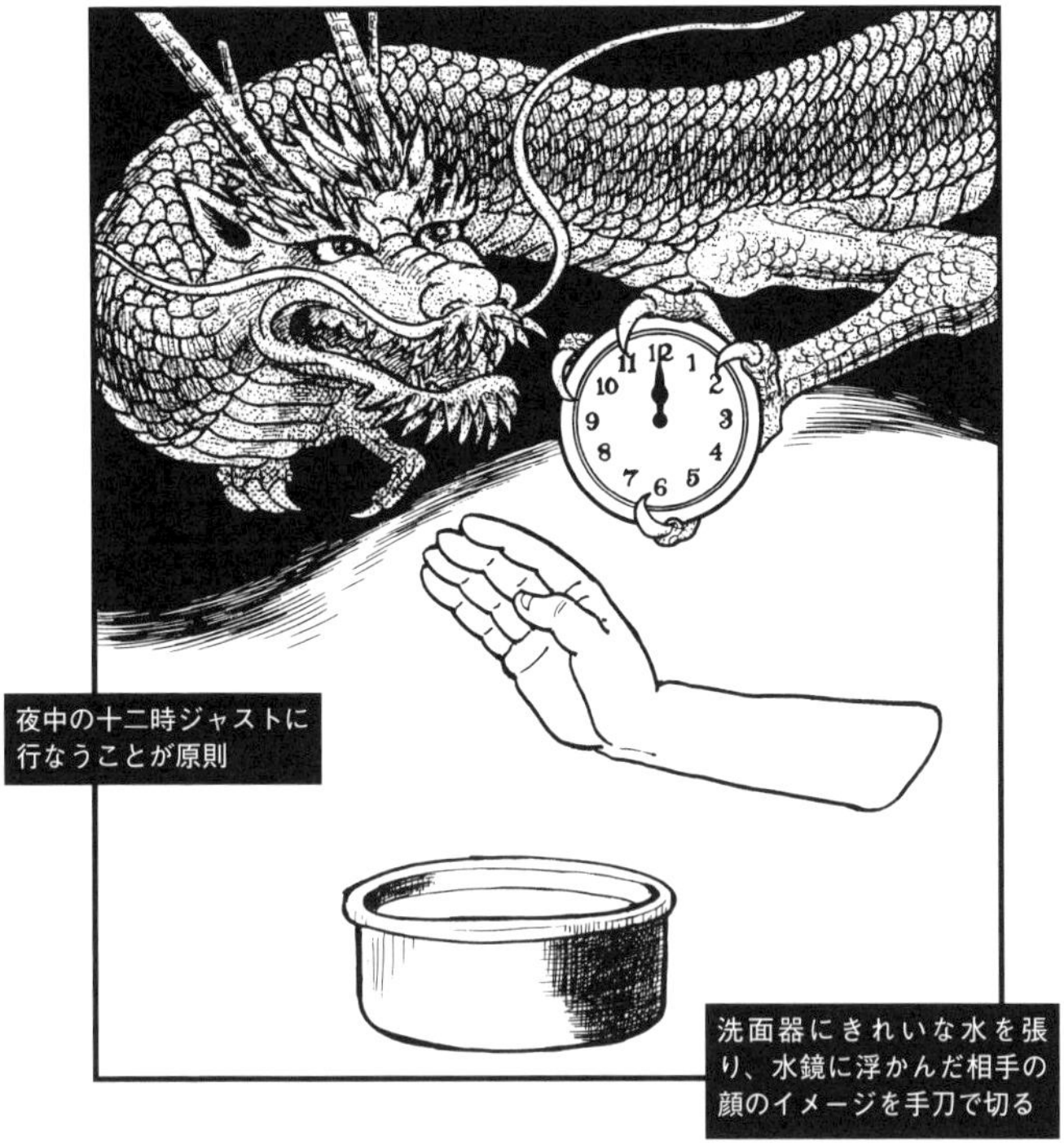

夜中の十二時ジャストに
行なうことが原則
洗面器にきれいな水を張
り、水鏡に浮かんだ相手の
顔のイメージを手刀で切る

破鏡の術

汝、
縁を断ちたき相手いるなら、
中国に伝わる破鏡の術を試みよ。
沐浴したのち、
午前零時に水を張る。
水桶の前で正座し、
相手の顔があるがままに浮かぶまで
目を閉じ瞑想せよ。
しかるのち目を開け、
水鏡に残りし相手の顔、
かけ声とともに手刀で切れ。
七日間、
この術行なうこと。

対人関係をよくする白魔術 11

赤い爪のまじない

いやらしい相手の誘いをうまくかわす

中世の魔女たちがあのように爪を長く伸ばしていたのは、外敵から自分の身を守るというような意味があったからららしい。もちろん、その存在をより恐るべきものとして誇示することが主目的であったにしても――。

さて、仕事の取引先などに、いやらしい相手がいて誘われて困る……というような悩みの持ち主は案外多い。そんな相手の誘いをうまくかわす方法だが、こんなふうなものがある。フランスを旅行中にパリジェンヌに教わったものである。残念ながら、伝説的なことはいっさい明らかではない。

爪を少し長めに伸ばしておき、左手の指五本に真っ赤なマニキュアを塗る。そして、爪切りを上手に扱い三日月形に切るのである。これを五つ、白い紙に包んで身につけていると、イヤな相手から身を守ることができるという。この話を聞いたときにまっ先に頭に浮かんだのは、中世の魔女たちの長く鋭く伸ばした爪のことであった。あなたが、この方法を用いているときには、誘いをうまくかわせたら……くらいに思っていてほしい。魔女が本気になって力を発揮すれば、いやらしい相手を追いこみ、葬る力をもってしまうのだから……。

赤い爪のまじない

汝、いやらしき相手の誘いをうまくかわさんと欲するなら、
左手の爪を少し長めに伸ばし、血の色のマニキュアを塗るがよい。
そののち、深紅の爪、
五片を三日月形に切り、
白き紙に包んで身につけよ。
中世の魔女にちなむこの呪法、強き魔力にて、汝を外敵より守るであろう。
ただし、相手への対応、攻撃的になること慎むべし。

左手の爪に真っ赤なマニキュアをする
NAIL ENAMEL
三日月形に切る

対人関係をよくする白魔術 12

魔法の輪

友情を長続きさせる

エジプトの象形文字が示しているように古代人たちは、永久とか永遠なる絆を「円」で表現した。円い輪の形状である指輪を〝永遠なるもの〟としての象徴に使ったのも、そのような超自然的な力が宿るものとして考えたからである。

古代社会では、男性は自分の花嫁の身体にロープを巻きつけ、これを〝魔法の輪〟マジック・サークルとした。つまり、自分の魂を花嫁の身体のなかに宿したことを証明したのである。もっと原始的に考えれば、円には始めも終わりも存在せず相互の思いが永遠に持続するというふうにも解釈できる。

さて、友情を長続きさせるための魔法だが、相手がいつも使っているハンカチを一枚もらう。それをクルクルとねじって一本のヒモのようにし、さらにその両端を結んで円い輪を作る。これを、あなたの衣類が入っているタンスの一番下に大切にしまっておくというものだ。そして、相手にも自分のハンカチを渡して同じことをしてもらう。これで、あなたとあなたの大切な友の友情は永遠に続くことだろう。

もちろん、こうした魔法を行なっていることは、相手に告げてしまってかまわない。

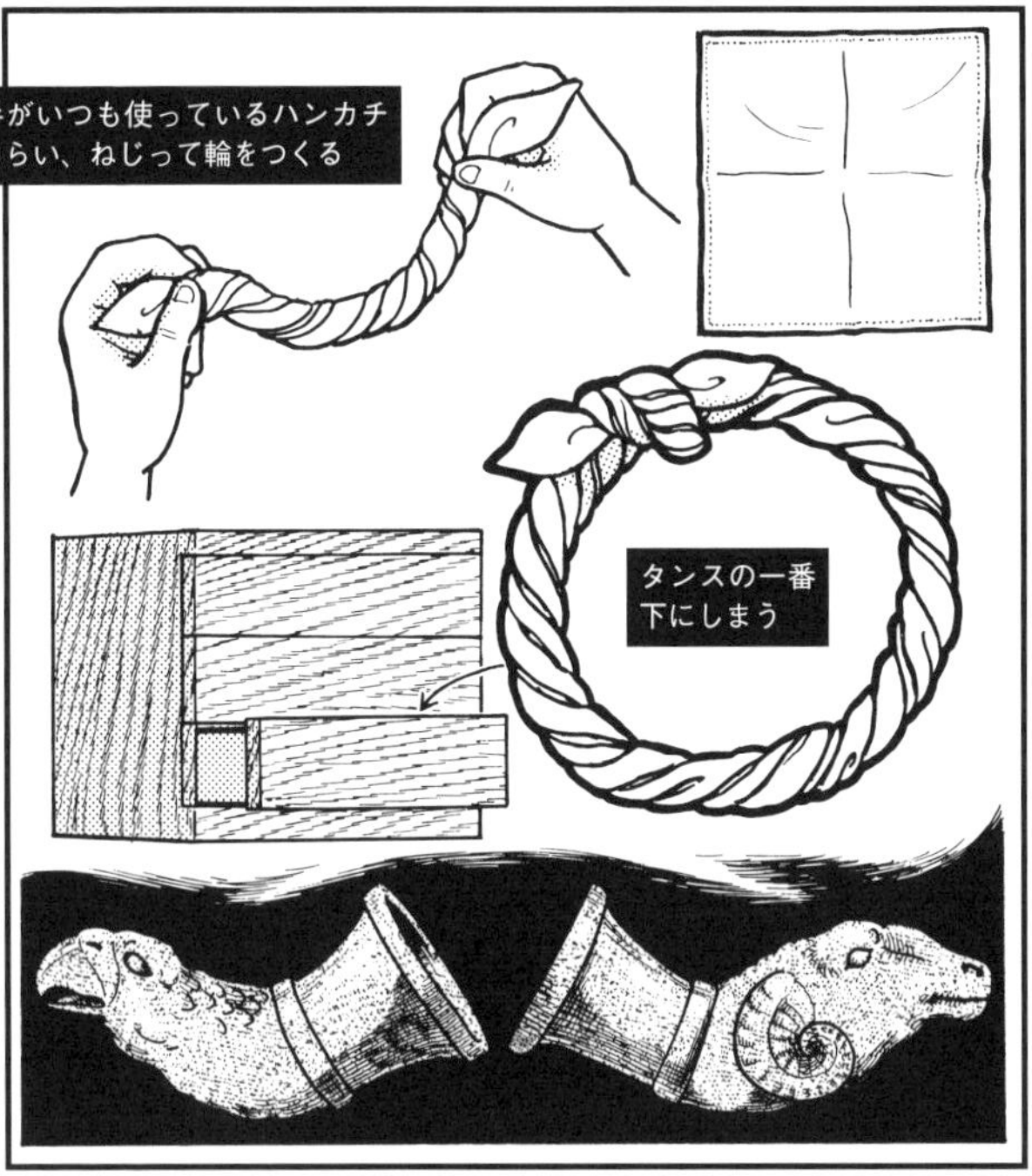
相手がいつも使っているハンカチをもらい、ねじって輪をつくる
タンスの一番下にしまう

魔法の輪

もし汝、
親しき友との友情、
終生変わることなく
永続させたいと願うなら、
古代エジプトの慣習にならい、
相手のハンカチを
紐のようによじり、
両端を結んで輪を作れ。
この輪、
衣裳棚の底に大切に保管し、
相手にも同じ儀式を行なわせる。
これにより、
円のごとく友情も永遠に続こう。

対人関係をよくする白魔術 13

聖なる右手の魔法

嫁・姑のトラブルをなくす

右側には善が宿り、左側には悪が宿る——という。とくにローマ人はこの考え方を曲げず、人体の右側には神が住んでいると固く信じていた。英語のRightが「正しい」という意味をもつのも、右側信仰に基づくなにかがあったのだろう。歩き始めるときも右足から、洋服にそでを通すのも右手から、もちろん、靴をはくときも……と徹底し、そうすることによって生活が神の祝福をうけ、神に満たされるものと純粋に思っていたようである。

東洋思想でも右側は陽を表わし正、左側は陰を表わし負、というように区別されている。そういえば茶道の作法でも水屋から茶席に入る第一歩目は右足であったように記憶している。

次に記す嫁姑トラブル解消のための魔法も、そんな右手信仰に基づくものの一つである。

家の南の方向を背にして立つ。自分の右手にどんなものがあるだろうか。雑然としているならきれいに片づけ、観葉植物など、なるべく〝生きもの〟を置く。そして、陽あたりをよくし、姑の姓名を書いた人形をまつるとよい。同居の場合は、そうもいかないので、毎月一日の朝、姑の年と同じだけの米つぶを南から見て右側の窓から鳥に投げ与えるとよい。しかし、その姿は姑に見られないようにすることだ。

聖なる右手の魔法

汝、
嫁姑のいざこざ解消せん
と願うなら、
家の南側を背にし、
右手の方向を片づけ、
植物など生命の宿るものを置け。
しかるのち、
その場所に、
相手の姓名を書いた人形を
まつるがよい。
まつることできぬ場合は、
月の始めの日の朝、
相手の年と同じ数の米粒、
右窓より鳥にあたえよ。

対人関係をよくする白魔術 14

棘の霊呪

未知の敵を見つける

スコットランドとデンマークが鉾を交えたときのことである。スコットランドにとって戦況が不利になってきたときに城郭の近くに忍び寄った敵兵を捕らえることができた。どうやって捕らえることができたかというと、その兵士がアザミの棘で足を刺して思わず声をあげたからであった。そこで捕らえた敵兵を尋問し、スコットランドは敵側の拠点をつきとめた。そして逆襲して大勝利をおさめたという。これはのちに救国の花としてスコットランドの国花になったアザミに纏る物語であるが、やはり棘にはなにか不思議な霊力があるのかもしれない。

あなたの場合も身のまわりにいる未知の敵から身を守るとき、あるいは、見つけようと思うのなら棘を使うと効果的である。真紅のバラを三本ドライフラワーにし、完全にカサカサになったら、三本のうちからもっとも大きくて丈夫そうな棘を三個だけ取る。この棘を赤い色で塗り、つねに身につけておくようにする。そうすれば、未知の敵からの攻撃を防ぐことができるだろう。あなたが女性なら赤いマニキュアで色をつけるのもよい。いま現在、出どころのわからない悪意ある噂に悩まされているのであれば、新月の夜にこの三つの棘を家の南側の地面に埋めておくようにする。

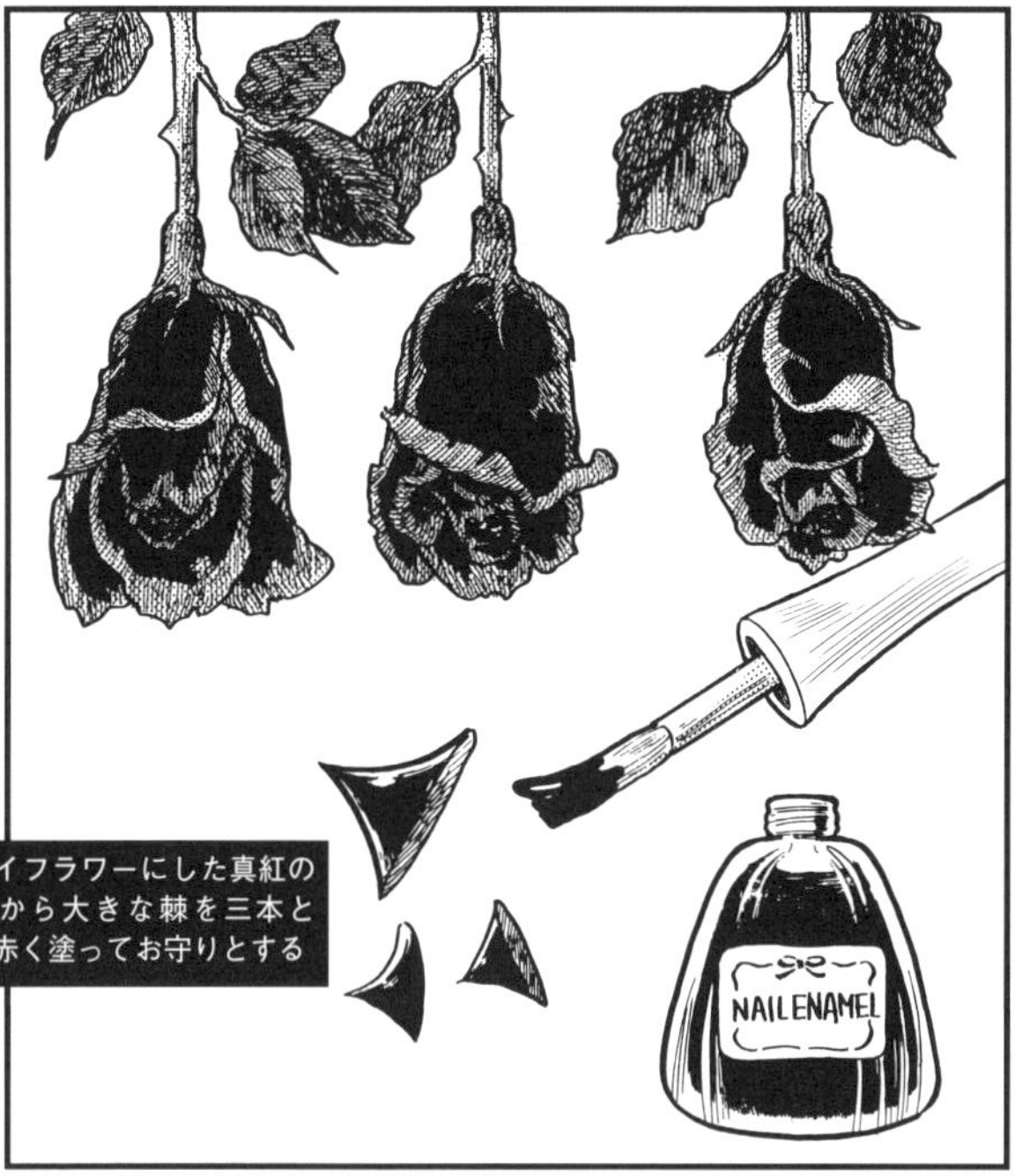

ドライフラワーにした真紅のバラから大きな棘を三本とり、赤く塗ってお守りとする

棘の霊呪

汝、
未知なる敵から
身を守らんとするなら、
スコットランドに伝わる
棘の霊力に頼るがよい。
真紅のバラ三本を乾燥させ、
そのなかでもっとも大きく尖った
棘を三つとれ。
その棘、
赤く染め、
これを肌身離さず持ち歩くがよい。
汝に近よる悪意ある者、
棘の霊力の前に退散しよう。

ウラジミールの教訓

苦手な相手ともうまくやっていく

誰にだって得手、不得手はある。嫌いな相手、イキのあう相手もいよう。やはり、それはしかたのないことかもしれない。しかし、不得手なものができるようになる、あるいは苦手な相手となんとかチームを組んでうまくやれるようになる方法は、いろいろあるものだ。

昔、ボヘミアにいたウラジミールという魔術師は図形学（今日の幾何のような学問）ができなくて、いつまでたっても魔法陣が満足に描けなかった。そこで、彼はモルダヴ河の河原におりて、河原の砂の上に図形学の式を書く――。一つが解けたかと思うと河の波が砂に書いた式を流した。それでもウラジミールは何度でも図形学を砂の上に書き続け、ついに神聖ローマ帝国随一の魔法陣作りといわれるようにまでなったのである。

目標を完遂するためには、さまざまのリスクはつきまといがちである。だが、それを越えよ、と〝砂のノート〟という方法は語っているのである。これは、呪文や魔法のロジックを使って〝目標を完遂〟する、というものではない。魔術師でさえもこのように研鑽努力を重ねてその名をとどろかせた、ということのひとつのエピソードである。魔法と並行して、〝努力〟するという気持ちも掘りおこしてほしい。

ウラジミールの教訓

汝、
苦手な相手と組まねばならず、
いかにせん
と苦悩しているのであれば、
ボヘミアンの魔術師ウラジミールに
学ぶがよい。
ウラジミール、
不得手の図形学に挑戦し、
河原で魔法陣にとり組み、
ついに名を成したという。
汝、
この砂のノートに習い、
努力忘ることなく、越ゆるべし。

すぐにできるおまじないあれこれ――②

◆霊柩車を見かけたとき◆

道を歩いていて霊柩車に出合ったら、小指（右手でも左手でもかまわない）を自分の年齢と同じ数だけ噛んでから、願いごとを唱えるとよい。

きっとツキがめぐってきて、願いはかなうようになるだろう。また、その日は一日、たいへん運の強い日となる。スポーツの試合、試験などでは勝利をおさめることができるはずだ。

◆出がけに雨が降りだしたとき◆

せっかくの情熱の火が雨によって消されてしまわないように、赤いものをどこかに身につけるとよい。ルビー、サンゴなどの宝石、赤い髪かざりなど。それが雨に濡れないように気をつけること。

◆ガード下で電車の通過にあったとき◆

ガード下を通りかかったとき、たまたま上を電車が通過することがある。そんなときは、ありったけの声をはりあげて、願いごとをするとよい。近いうちにきっと叶えられるだろう。

ただし、願いごとの途中で電車が通りすぎて行ってしまったり、ほかの人にその声を聞かれてしまったりすると、効果は消えてしまう。

◆鏡が割れたとき◆

割れた鏡に日の光をあてたり、自分の姿を映したりすると、いままでの努力が水のアワとなってしまうだろう。だから、もし鏡が割れるようなことがあったら、そんな悪い魔力の影響を受けぬよう、なるべく早く黒い布か紙にしっかり包んで、ゴミ箱に捨ててしまえばよい。

—実践法3—

願いごとが叶う白魔術

願いごとが叶う白魔術 1

竜神退治の護符

不運・アクシデントから身を守る

アフリカの先住民のなかには、病気や悪いできごとは〝魔物が運んでくる〟と考えている人が多数いる。そこで、この魔法が伝承され、現在でもこれに似たかたちで厄ばらいがとり行なわれるという。

なるべく静かな夜を選び、ひとりで部屋にこもり、護符を作るところからこの魔法は始まる。護符を作っているあいだは、なにも語ってはならない。

作り方は、二十センチ×十センチの赤い皮や紙に黒いマジックで次のような絵を描く。この図は軍神が災いのもとである竜神を退治しているところである。うまく描けたら図のように折り、肌身離さず持っている。もし万が一アクシデントに遭遇したら、その護符を取り出して心臓の上にのせながら、無事その場を切りぬけられるようにと一心に祈ることだ。

この護符を持ちはじめてからしばらくのあいだは、不思議なことが続くかもしれない。たとえば、たそがれの街角ですでに冥府宮に旅立っていた人にウリふたつの顔を見つけるとか、初めて会った人なのに妙に懐かしさを覚えてしまうなど……。

しかし、これは悪いことの予兆ではないので心配にはおよばない。

竜神退治の護符

汝もし、病気や事故など不安なできごとすべてから身を守らんと欲するなら、静かな夜に厄ばらいの護符を作るがよかろう。

赤い皮もしくは紙に、軍神の竜神退治の絵を描く。

これを四隅を三角形に折りたたんでさらに二つ折りにし、肌身離さず持ち歩くがよい。

万が一、事故に遭遇しても、この護符、心臓の上において一心に祈れば、無事切りぬけられよう。

赤い皮または紙に黒マジックで軍神が竜神を退治している図を描く
20cm
10cm
絵を内側にして四隅を折る
さらに二つに折る

願いごとが叶う白魔術 2

サイコロの勝呪

スポーツの試合で勝利する

スポーツの世界的な選手はひじょうにジンクスを気にするという。アメリカの野球王ベーブ・ルースもそのひとりだ。また、イギリス東部エセックス州のあるクリケットのチームは、競技場でボタンを拾った選手はその日の試合で大活躍をするといわれているし、他のチームでは試合前に黒猫を見かけたら、その日の試合は大勝利をおさめるとも伝えられている。

しかし、これらは偶発的に起こることをアテにした〝勝利や活躍〟のジンクスであるから、次に、勝利を目標としたまじないをいくつか紹介してみよう。

まず、サッカーの選手については、サッカースパイクは左足からはくのがベスト。そして、ゴール・ポストに触れてから試合に臨むこと、というのもある。またすべてのスポーツにいえることは、赤は生命の赤、勝利の色とされているので、身のどこか一部につけておくのもよかろう。朝は精神的に高揚するようなテーマの曲のほうがよりよく、不安になるような曲はやめておいたほうがよい。さて、きわめつけはサイコロを三つ用意し、小さな袋に入れて身のどこかにつけておく、いよいよ追いこまれてきたときにソッとこのサイコロにさわってからふたたび試合に挑むと、逆転のチャンスがやってくるというものである。

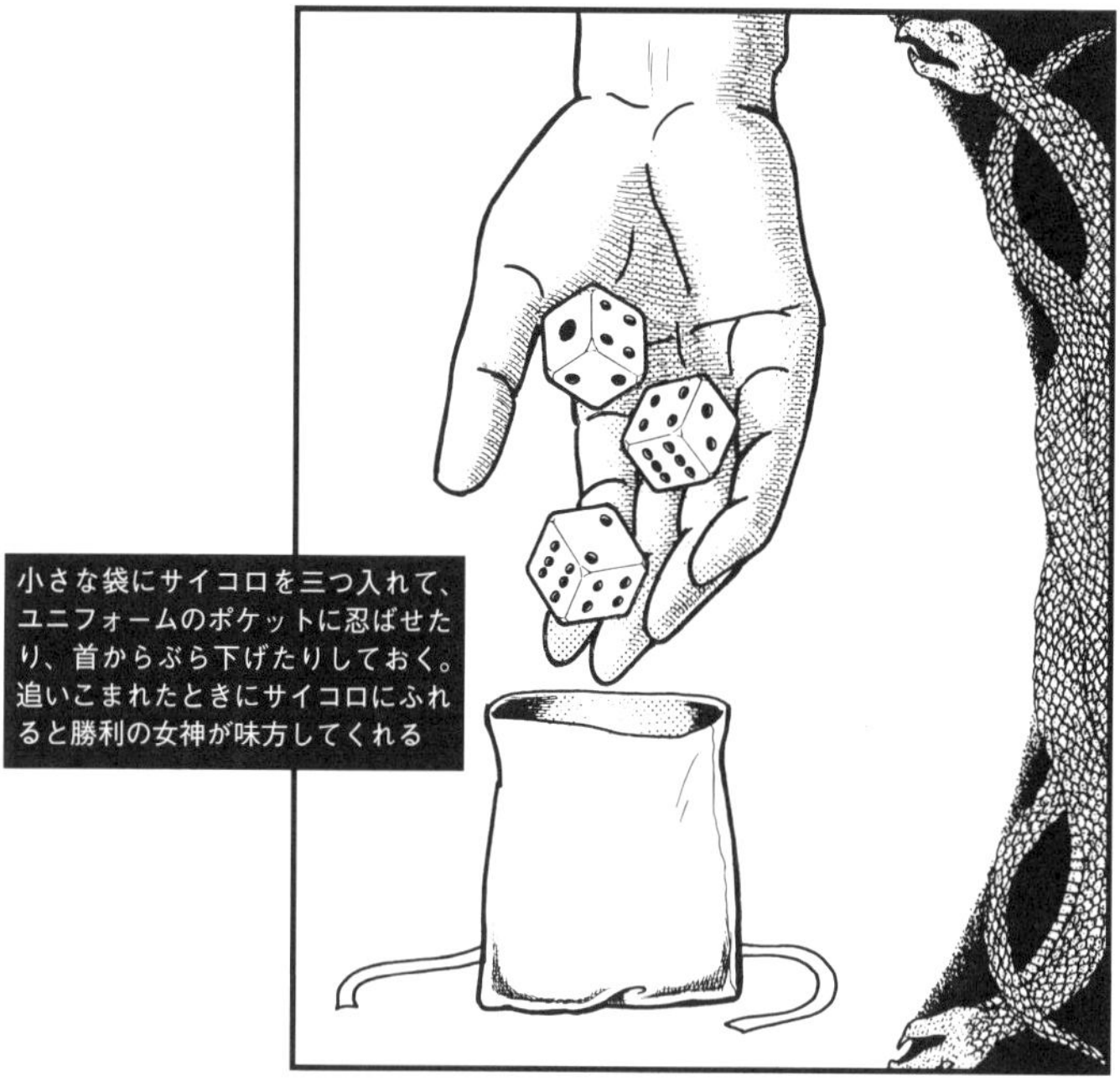
小さな袋にサイコロを三つ入れて、ユニフォームのポケットに忍ばせたり、首からぶら下げたりしておく。追いこまれたときにサイコロにふれると勝利の女神が味方してくれる

サイコロの勝呪

汝、
スポーツの試合で
かならずや勝利せんと願うなら、
サイコロを三つ用意し、
小さな袋に入れて
試合に臨むがよかろう。
追いこまれし折に、
このサイコロに触れ、
ふたたび試合に挑めば、
勝利の女神ほほえまん。
もし汝、
サッカーの試合に臨むなら、
左足よりスパイクをはくがよい。

ポモーナの願呪

コンクールで勝利する

ハロウィーンは古代ケルト族のドルイド教の僧侶たちの行なった行事に、ローマの女神ポモーナの祭りが合体されたものだという。ケルト民族の暦では十一月一日が新年の元日であり、その前夜祭にその年の死者が戻ってきて、未来についての宣告をする日と定めていた。

このハロウィーンの日に鏡の前に立ってリンゴを食べると、将来結婚する人の顔が映るといわれた。リンゴは古代から不老不死の人が食べる聖なる果実と信じられ、お守りとされていたので、たくさんのリンゴを使った占いや魔法が伝承されているようだ。

いまでも残っているものに、桶に張った水のなかに数個のリンゴを入れ、首をつっこんでそのリンゴを取るという子供の遊びがある。取ったリンゴが大きければ大きいほど、大きな幸運に恵まれるという。

コンクールの前日になったら大きなボウルに水を張り、赤くて大きなリンゴを浮かべておこう。そして、当日はいくぶん早めに起きてそのリンゴの皮が途中できれないように丸くむき、リンゴは食べてしまう。皮でアップルティーを作り、モーニングティーにして飲んだら、女神ポモーナに勝利を祈り、心を落ちつけて出かけていこう。

水を張ったボウルにリンゴを浮かべる
切れないように皮をむき、中身は食べて皮でアップルティを作る

ポモーナの願呪

汝、
なにかの競技・試験で、
優勝・勝利を願うのであれば、
女神ポモーナの
助けを借りるとよい。
競技の日前日に、
桶に水を張り、
大きなリンゴを浮かべよ。
翌朝、
そのリンゴの皮を
きれいに剥き、実は食し、
皮は紅茶に入れて飲むがよい。
女神ポモーナが
心を落ち着かせ、
幸運をはこぶ。

願いごとが叶う白魔術 4

成功のタリスマン

新しい企画が成功する

企画を相手に認めさせサクセスしたい、というあなたにタリスマン（護符）を紹介しよう。このタリスマンは、『黒魔術の本』（Book of Black Magic）という古書のなかから拾ったものだが、内容はもちろん白魔術である。

ふつうタリスマンは、金もしくは銀で作るのが一般的である。また、オイルやインセンスにより一週間のあいだ聖別（お清めすること）を行なって、その後、身につけるとその効果は完全なものになる。

さて、この目標への到達は、物事を成功へと導くタリスマンのひとつである。ことに〝新規〟のことや仕事関係一般に効力を発揮する。このシンボル・マークを金属版、なめし皮、布などに刻みこむか、描きこむ。次に白い布にオリーブ・オイルをつけ、拭き清める（布の場合は四隅にオイルを落とす）。ホワイト・キャンドルに火をつけ、願いごとを祈る。そのときにタリスマンを火にかざすようにして行ないたい。一週間続けたあと、持ち歩く、あるいは上着の内ポケットに縫いつけておくのである。人目にふれるとタリスマンの効果は失効してしまう。くれぐれも用心していただきたい。

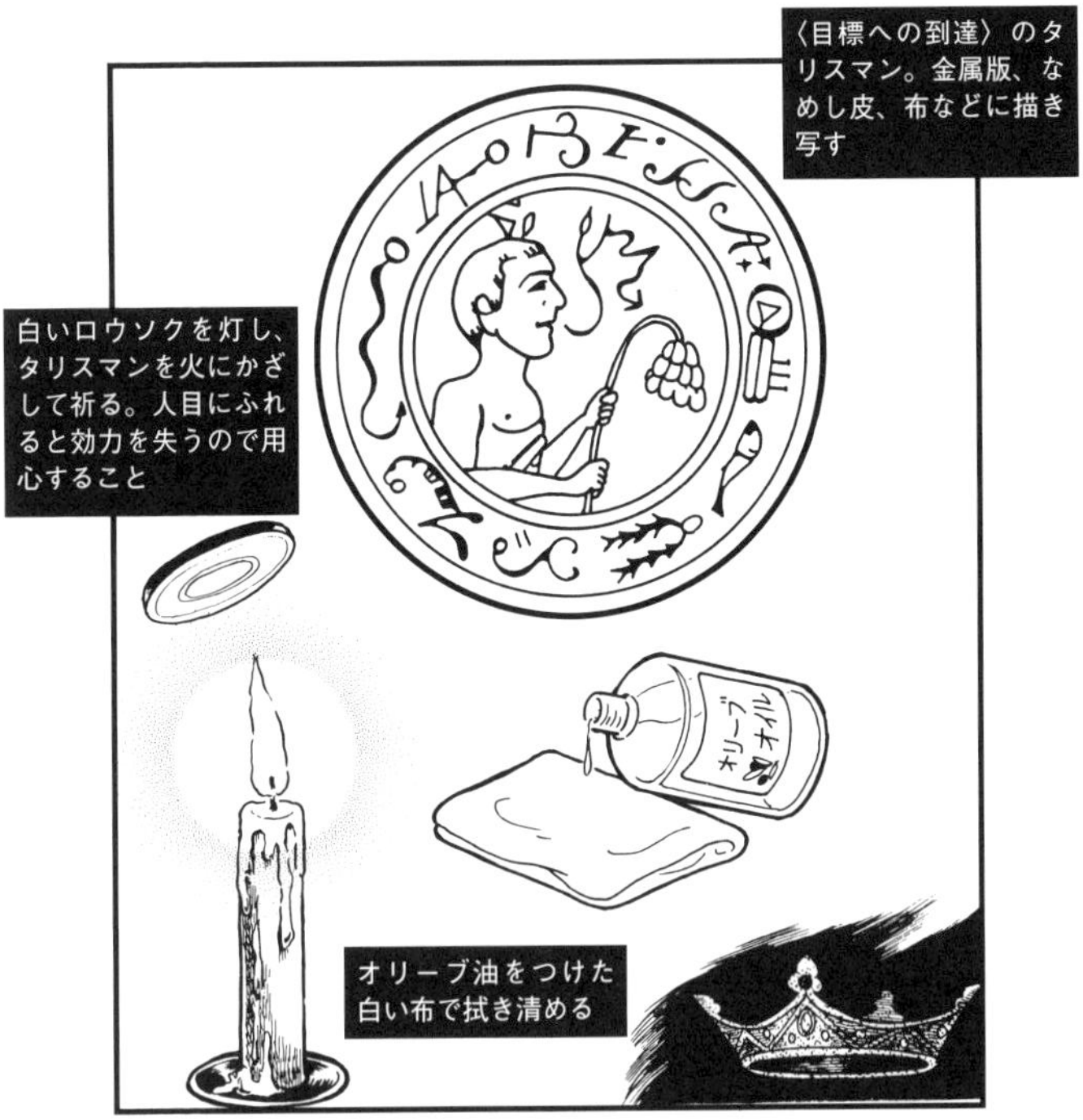
〈目標への到達〉のタリスマン。金属版、なめし皮、布などに描き写す
白いロウソクを灯し、タリスマンを火にかざして祈る。人目にふれると効力を失うので用心すること
オリーブ油をつけた白い布で拭き清める

成功のタリスマン

もし汝、
新しきことを始めんとし、
成功をこいねがうならば、
金属板もしくはなめし皮、
布に成功のタリスマンを刻め。
しかるのち、
オリーブ油で拭き清め、
灯した白いロウソクの
上にかざし祈るがよい。
このタリスマン、
上着の内ポケットに縫いつければ、
汝の力となろう。

願いごとが叶う白魔術 5

心臓の守護符

病気が快方にむかう

一口に病気といってもいろいろな程度があるが、現在療養中の人に自然治癒力が増し、予定よりも早く退院できる、といった魔法がある。大病を患ったのち、再発を恐れる人にも効果的なので行なってみるとよいだろう。

これは、古代エジプトの心臓の護符により魔法の力を自分自身にトランスするものである。心臓は生命の宿るところとされ、よき思い、悪しき思い、その両方の源泉であり、肉体が健やかなるときは、良心を示すといわれている。

ミイラを作る際、肺とともに壺に納められ保存され、その後、ツアムテフ神の守護のもとにおかれているのである。そして、この護符を持つ者に生命力、活力、そして、なんらかの利益を与え続けるという。

あなたの場合は、黒の平たい石に赤い色で図のような護符の象徴を描き、病床の枕の下につねに入れておくこと。

これだけのことであるが、平たい石を探しだす人間は、あなたの四親等以内の親族かあるいは配偶者に限る、という条件は守ってほしい。

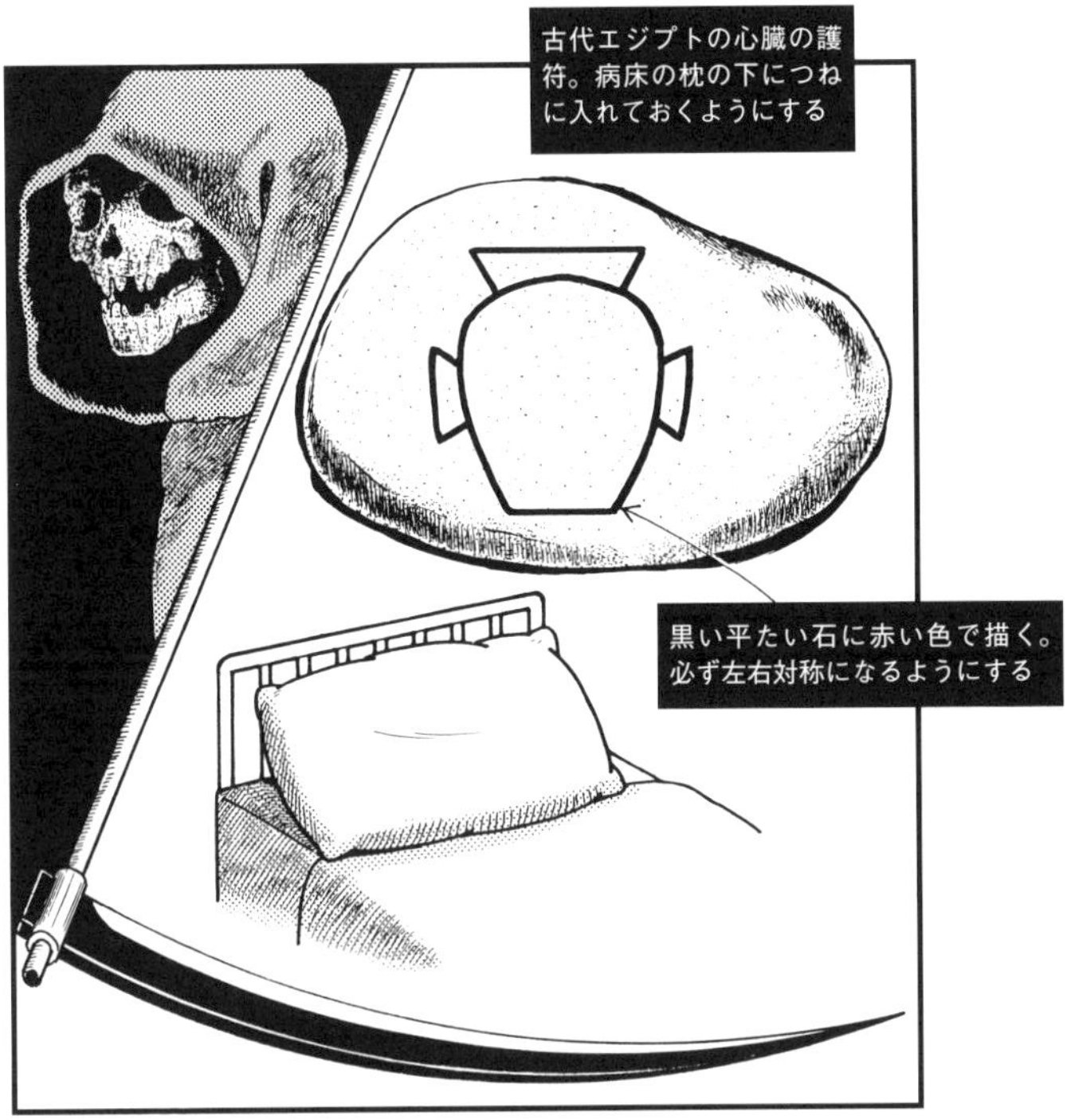
古代エジプトの心臓の護符。病床の枕の下につねに入れておくようにする
黒い平たい石に赤い色で描く。必ず左右対称になるようにする

心臓の守護符

もし汝、
病気療養中なれば、
古代エジプトの心臓の護符により、
自然治癒力を得るがよかろう。
親族もしくは配偶者により
探しだされた黒き平たい石に、
赤色で壺の図を描き、
病床の枕の下に
つねに入れておく。
この護符を持つ者、
生命力、
活力、
なんらかの利益あたえられん。

願いごとが叶う白魔術 6

劉進平の霊符

出世できる・お金が儲かる……他

漢の時代である。引農県の劉進平という財産家があり子孫・財形ともに恵まれた豊かな生活を送っていた。あまりにも幸福そうなので身分を隠した孝文皇帝は、彼の家を訪れ、劉進平に「あなたの家は賢い子も多く、豊かなのはうらやましいかぎりである。どうしてそうなったのか」と尋ねた。すると彼は、以前は病い・災難が続き、それはたいへんひどい生活を送っていたこと、でも、あるとき、訪ねてきたひとりの旅人に霊符を授けられ、『この霊符を大切にし祈り続ければ十年にして家が大いに富み、二十年後には子孫も栄え、三十年にして白衣の天子が訪ねてくるだろう』と言われ、今日まで大切にまつり、祈り続け、そして、実際そうなったこと、しかし、その旅人は、門のところから五十歩ほど歩いたところで姿を消してしまい、ふたたび会うことのなかったこと……などを語り、最後にこうつけ加えた。

「しかし、まだ、天子様はいらっしゃいません」

と。すると孝文皇帝は、「その天子とは私のことだ」と言い、劉はその霊符の霊験に驚き、帰依したという。

以下にその霊符を示しておく。赤い和紙を半切りにし、清水（神社・仏閣の水）で墨をすり、書き写す。時間は午前二時か六時ごろがベスト。乾いたらお守り袋に入れて持ち歩くこと。

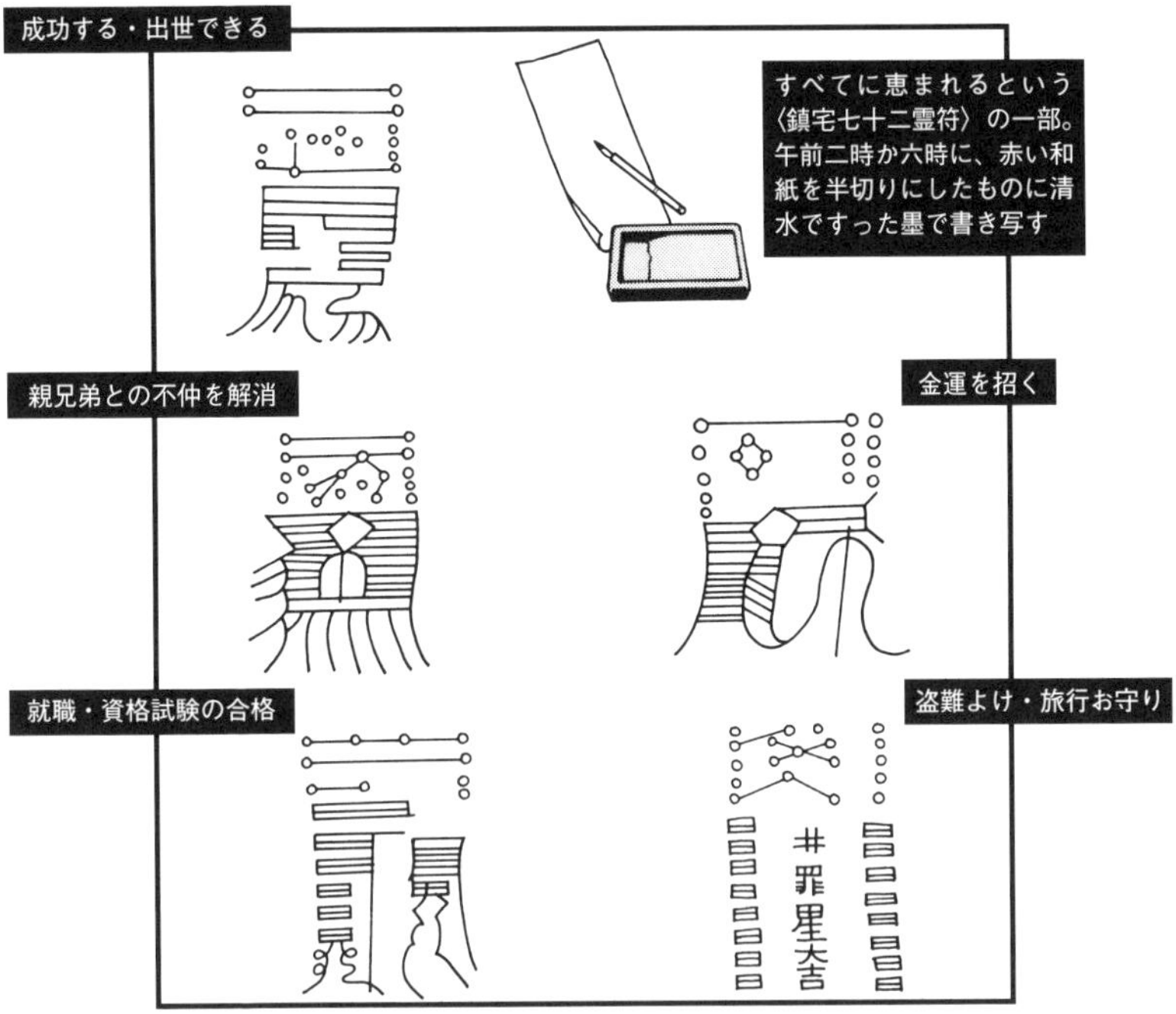
成功する・出世できる
すべてに恵まれるという〈鎮宅七十二霊符〉の一部。午前二時か六時に、赤い和紙を半切りにしたものに清水ですった墨で書き写す
親兄弟との不仲を解消
金運を招く
就職・資格試験の合格
盗難よけ・旅行お守り

劉進平の霊符

汝、
家内安全、
出世運金運に恵まれるを望むなら、
中国・漢代の
劉進平の霊符にあやかるがよい。
深夜二時か早朝六時、
赤い和紙を半切りにし、
清水ですりし墨にて、
望みの霊符を書き写す。
その霊符、
お守り袋に入れて
大切に持ち歩けば、
いつの日か、
かならずや幸福な人生を歩まん。

願いごとが叶う白魔術 7

ルビアタンの願呪

ギャンブルで勝利できる

賭けごとは、やっているときは真剣そのもの、だんだんエスカレートしてしまうとあと少しあと少しと賭け金もどんどんふくらんでいくものだ。しかしまた賭けごとの勝利の神は気まぐれなので、すべてのツキを一挙に奪っていくこともある。そうなってはかなわないのでギャンブラーの人にこの魔法をそっと伝えておく。しかし、遊び心からの賭けごとはあなたがプロでないかぎり、いつかは大敗することがあるかもしれない。とくにこの魔法を乱用すると……。

ルビアタンという魔物は悪魔の将軍のひとりでおそろしいパワーをもっているが、満月の夜だけはおとなしくしているという。ルビアタンは強いものが好きでとくにワシやライオンを好んでいる。ワシやライオンといえば外国のコインの図柄に多いのでこれを利用してみよう。石鹸と水、そして、最後にオイルでピカピカに磨きあげたコインを、満月の夜に絵柄のついているほうを表側にしてその上で赤いローソクを灯しながら、「勇ましき暗闇の将軍ルビアタンよ、ソロモン王の名において、我が願いを叶えたまえ」と唱える。そして、残り一センチのところでローソクをふき消す。このローソクのついたコインを賭けごとをする当日に持ち歩くと、ツキが巡ってくるという。

ルビアタンの願呪

汝もし、賭けごとで勝利をおさめんと願うなら、
満月の夜、悪魔の将軍ルビアタンの力を借りるがよい。
その夜、石鹸と水、オリーブ油で磨きあげた、鷲や獅子の絵柄のコインを用意する。
月光のもと、コインの絵柄の上で赤いロウソクを灯しながら、
「勇ましき暗闇の将軍ルビアタンよ、ソロモン王の名において、
我が願いを叶えたまえ」と唱え、
残りわずかのところで火を吹き消し、コインはお守りとせよ。

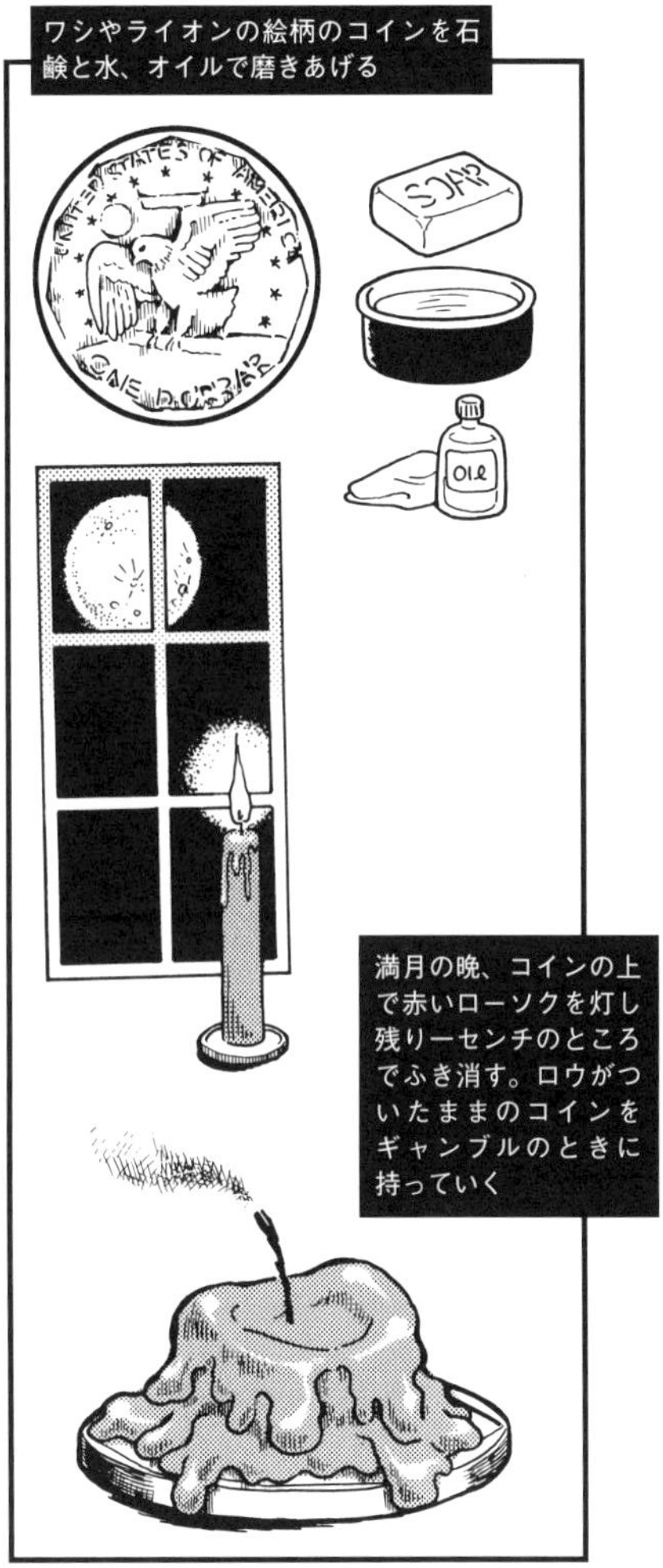
ワシやライオンの絵柄のコインを石鹸と水、オイルで磨きあげる
SOAP
OIL
満月の晩、コインの上で赤いローソクを灯し残り一センチのところでふき消す。ロウがついたままのコインをギャンブルのときに持っていく

テトの護符

つねに健康でいられるように

健康でいられるように――これは老若男女、今も昔も、そして、これからも永遠に変わることのない願いである。いま、身体の弱い人なら痛感するテーマであろうし、働き盛りの人であればまたこの願いに力がこもるであろう。

東洋で仏教教典のなかにかならず、身体健全、息災延命、無病息災という四文字の言葉が現われてくる。これは、あなたも一度はかならず耳にしたことがあるはずである。

さて、テトの護符というのをあなたは知っているだろうか。この護符はエジプトの女神イシスが夫の死体を隠した木の幹を表しているとされ、四本の横木は四つの基本を示し、エジプト人の重要なシンボルになっている。ギリシャの哲学者エンペドクレスも自然界の万物は四つの元素から成り立っていると提唱し、火と地・風・水に分けた。この四つを合成し、はじめて完全としたのである。それゆえに四という数字は、万物の健やかなる魂・肉体の宿りどころを示し、〝完全〟の象徴といえる。

健康を願うあなたは、図のテトの護符を木片に刻んで持ち歩くか、毎月の一日と十五日に部屋の東西南北に塩を小皿に盛りおいておくと強い効果が現われる。

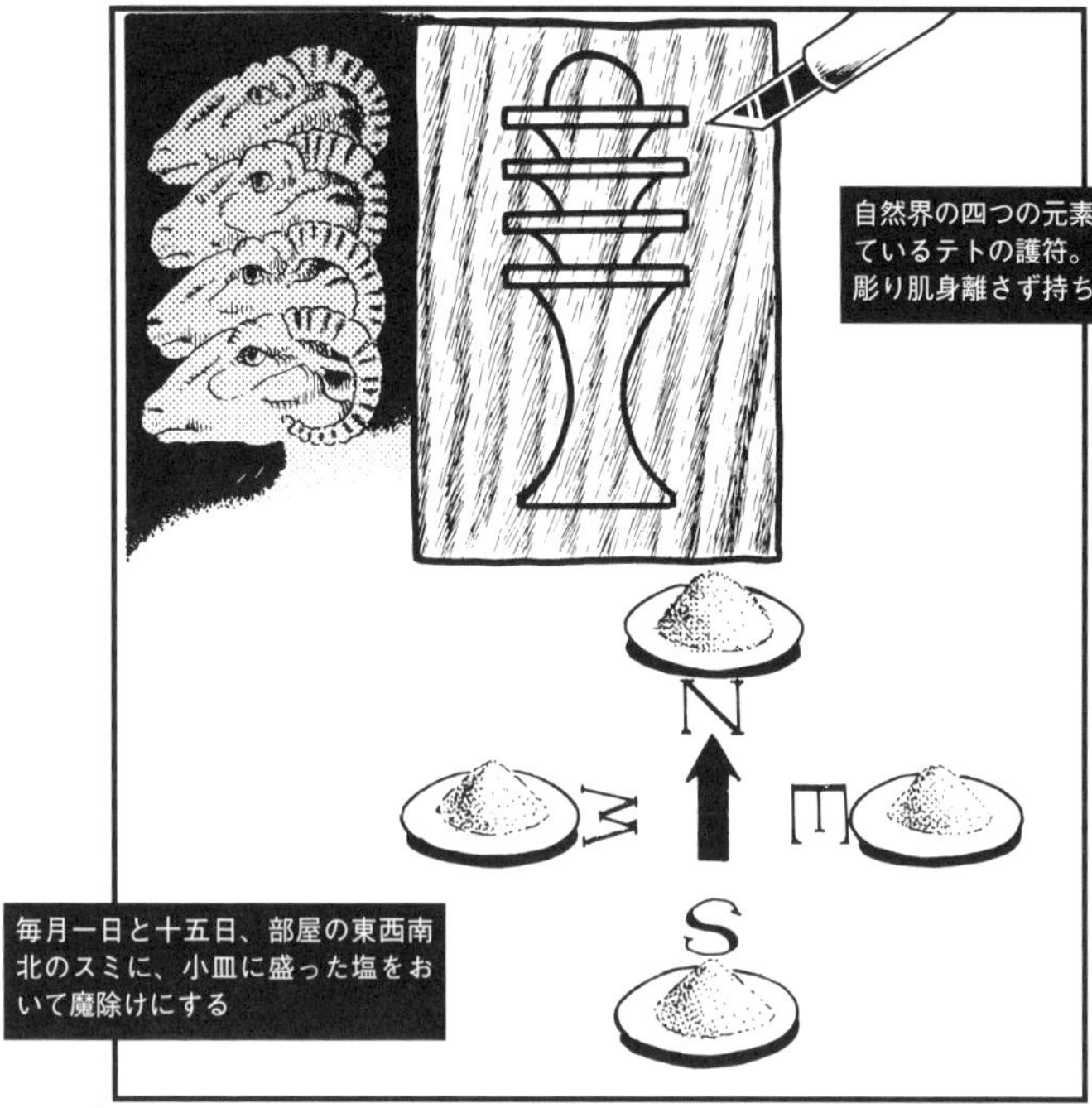
自然界の四つの元素を表しているテトの護符。木片に彫り肌身離さず持ち歩く
N
W
E
S
毎月一日と十五日、部屋の東西南北のスミに、小皿に盛った塩をおいて魔除けにする

テトの護符

汝、
健康であることを第一に願うなら、
火・地・風・水の
自然界の四つの基本を象徴する
テトの護符を作りて持ち歩き、
毎月一日と十五日には、
部屋の東西南北に
塩を盛りおくがよい。
木片に刻まれしテトの護符、
汝の肉体が
つねに健やかであるよう
力を添えてくれよう。

幸運の前足

クジ運をよくする

クジ運をよくする方法にはさまざまなものがあるが、〝幸運の前足〟といわれているこの魔法はどうだろうか。いくぶん手に入りにくいかもしれないが、うさぎのなめし皮や毛皮の裏を使う魔法である。月の第三金曜日に、うさぎのなめし皮に次の紋章を緑色のインクやカラーペンで描く。そして、イエロー・キャンドルに火を灯し、願いごとを十五分くらい祈る。

宝クジの場合は購入するときに左手にこのお守りを持ち、クジをしまいこむときにはクジのあいだにはさんでおくとよい。この〝幸運の前足〟は家内安全などの要素もあるから、奉書に包んで家のどこかにしまっておくと魔除けの役割も果たしてくれる。

ただし、しまいこんで忘れてしまったり、扱いが粗末になるようなら役割を果たすどころか、厄難に祟られてしまうので、いたずら心で作ったり、所有したりするのはやめてほしいものである。

何年か経って処分するときには、奉書に包んだまま燃やしてしまうことだ。このとき、炎の上から線香を細かく折ったものを投げ入れるようにするとよいといわれている。

〈幸運の前足〉の紋章

月の第三金曜日に、うさぎのなめし皮か毛皮の裏に緑色のインクで紋章を描き、その後、イエロー・キャンドルを灯して祈る。大切に保管しないと災厄に祟られる

幸運の前足

汝、
クジ運に恵まれたいと思うなら、
幸運の前足の魔法に頼るがよい。
月の第三金曜日に、
うさぎのなめし皮に
〝幸運をはこぶ紋章〟を
緑のインクで記す。
しかるのち
黄色のロウソクに火を灯し、
願いごとをせよ。
この幸運の前足を
クジの間にはさみこんでおくと、
願い叶うべし。

願いごとが叶う白魔術 10

足止めの呪符

家出人の行方を知る

家出をして行方がわからないとき、それ以上他へ移動しないように足止めをし、また、行方を知るという呪法である。

まだ、一度も使ったことのない白い紙に、

走人その行先は、はりのやま、あとへもどれよ、あびらうんけん

と書きこむ。次に酒盃の中央に家出人の姓名を書き、先ほどの白紙でそれを包みこみ、五本の針を刺す。この酒盃を仏壇や神棚に置くとしばらくしてその居所がわかるという。

さらに自分のところへ戻ることを希望する場合は、すぐに針、酒盃、呪符を大きな川に流すと相手が帰ってくるといわれている。

自宅に仏壇や神棚がない場合には、家の東方に結界をはり、そこに呪符を置く。結界をはるとは、ある区域を制限し魔物を入れないために、印（イン）をむすぶことである。柱と柱を利用して白いひもをピンと張ったりして作ればよい。

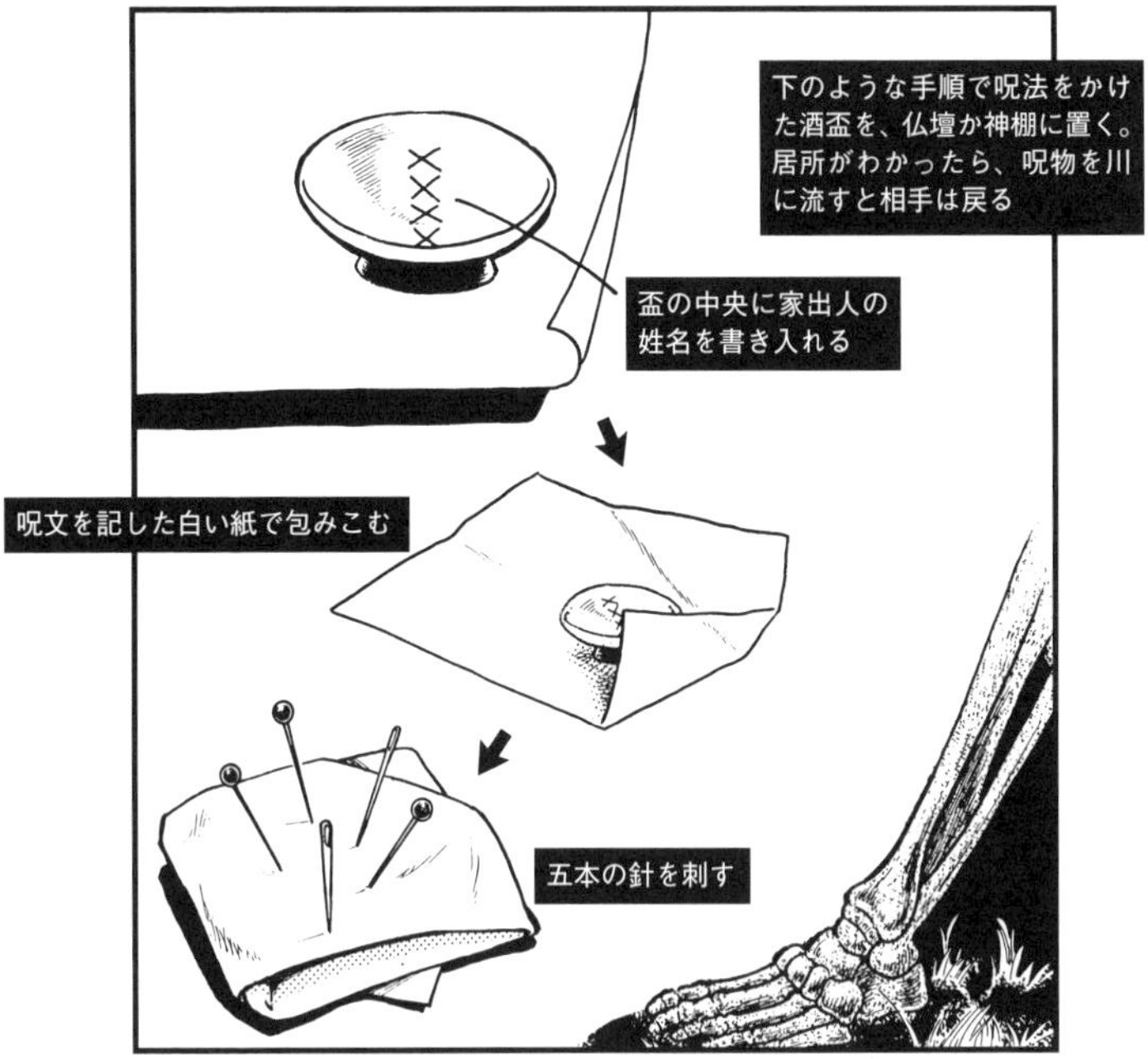
下のような手順で呪法をかけた酒盃を、仏壇か神棚に置く。居所がわかったら、呪物を川に流すと相手は戻る
盃の中央に家出人の姓名を書き入れる
呪文を記した白い紙で包みこむ
五本の針を刺す

足止めの呪符

もし汝、
家出人の行方を
捜さんとしているのであれば、
無垢の白き紙に
〝走人その行先は、
はりのやま、あとへもどれよ、
あびらうんけん〟
と書き、
家出人の姓名を記した酒盃を、
その紙で包み、
五本の針を刺すがよい。
この酒盃、
仏壇・神棚に置くと、
しばらくして
家出人の居所知れよう。

願いごとが叶う白魔術 11

ゼウスの繁栄の秘法

セックスが強くなる

ゼウスはクロノスとレアの息子で神々の主である。全能の神であり、また好色であることも神々のなかでは群をぬいていた。ゼウスは相手を求めて天上、地上、海の深みまで探しまわり、その子だくさんは数えることはかりしれない。その意志は人間に対する掟であり、ゼウスの気まぐれが運命であったという。ゼウスの聖木は樫の木であり、聖獣は鷲であり、シンボルは雷である。

セックスが強くなるという願いは、正に働けば子孫繁栄であるが、邪に働けばいたずらに浮気心を満足させるということのみに終わってしまう。後者の場合が目的であるならこの方法は頭のなかから外したほうがよいだろう。

木曜日の朝、沐浴ののちに香油（オーデコロンでよい）を全身に塗り、樫の木に準じた固い木を枕にして空の見える位置に横たわる。空に飛ぶ鳥の数を九羽まで数えたらコップ一杯の水を一気に飲みほす。これだけのことを毎週木曜日の朝続けるのだそうである。

知り合いのイタリア人からの秘伝であるが、彼は、現に八人の子をなした名うての強者なのである。

鳥の飛ぶのを九羽まで数えたらコップ一杯の水を飲みほす
樫の木のような固い木を枕に空を見ながら横たわる

ゼウスの繁栄の秘法

汝、
強壮にして子孫繁栄を願うなら、
好色なる全能神ゼウスの
秘法を試すがよい。
木曜日の朝、
沐浴ののちに香油を塗り、
樫の木を枕に空を見ながら
横になる。
飛ぶ鳥の姿、
九羽まで数えたらコップ一杯の水を
飲むがよい。
この秘法、
毎週木曜日の朝に続けよ。

失せ物発見の護符

失くした物を発見する

失くした物を見つけ出すためのタリスマン（護符）である。忙しくて本格的な捜索ができないあなたはこのタリスマンの力を借りてみてはどうだろうか。

この紋章を黄色い紙にグリーンのインクやカラーペンでうまく描き写し、ポーチに収める。そのポーチごと一週間のあいだ、ジャスミン系のインセンス（香）で焚きしめてから持ち歩けば、まもなく失せ物を発見できるだろう、というものである。

また、このタリスマンには、〝DISCOVER TREASURES〟（宝物の発見）という名がつけられていて、文字どおり、隠された財宝を見つけることができるという効力もある。だから、思いがけない儲け話にぶつかることもあるだろう。

このタリスマンは、グノーシス派の流れをくむエンクロライト派か、モンタイ派か、あるいはヘルマス派のものか……と思う。しかし、グノーシス派はユダヤ教、ヘレニズム、古代エジプトの密教、東方ゾロアスター教……とオリエント世界のなかで正邪入り乱れている時期に諸派閥があまりにも複雑な系譜をもっているため、出典は私もいまだ研究の途上であることをつけ加えておかなければならない。

〈宝物の発見〉の紋章
黄色い紙に緑のインクで紋章を描き写し、ポーチにしまう。ポーチごと一週間、ジャスミン系の香で焚きしめる

失せ物発見の護符

汝、
失くし物をするも
本格的な捜索できぬ時、
失せ物発見のタリスマンを
用いるがよかろう。
黄色の紙にグリーンのインクで
紋章を描き写し、
ポーチに収める。
そのポーチを一週間、
ジャスミン系の香で焚きしめてから
持ち歩け。
失せ物や思いがけぬ宝、
汝の発見するところとなろう。

願いごとが叶う白魔術 13

分身人形《ひとがた》の願呪

お金がどんどん貯まる

中国では人類の誕生について人頭蛇身の女媧《じょか》という女神が作ったという話が伝わっている。この女神ははじめ、黄色い土を手でこねて人間を作っていたのだが、あまりにもたいへんな作業なので、ときどきは泥土のなかに縄を入れて引きあげた際に落ちる泥から人間を作ることにした。しかし、このように二通りの作り方をしたおかげで人間には貧富・貴賤の差が生まれ、手でこねて作った人間は身分も高く金持ちに、泥のしずくからできた人間は、身分、風采もあがらず貧しい人になってしまったという。

この魔法は、自分自身の分身を粘土でこしらえ、願いを人形に託すというものである。上手、下手にはあまり関係ないが心をこめて作ることが大切。

月の一日に人形を作り、できあがったら一時間、日なたに置く。それからお金をその下に置き、人形の頭を三回なでる。

これをくり返しているうちに、お金がお金を呼び、知らず知らずのうちに貯まることになるといわれている。浪費癖の強いあなたは、一度試してみる価値がありそうだ。

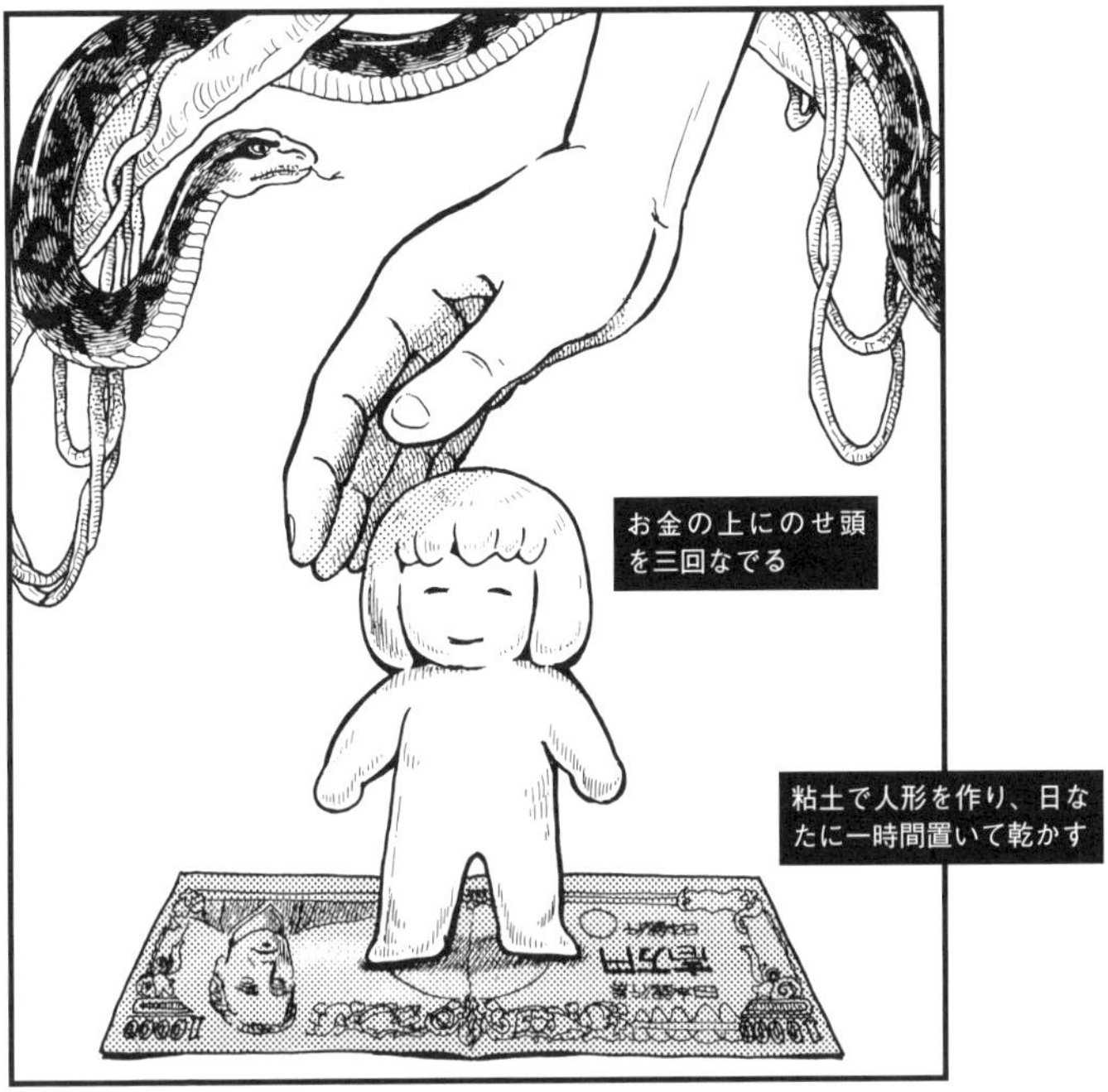
お金の上にのせ頭を三回なでる
粘土で人形を作り、日なたに一時間置いて乾かす

分身人形の願呪

汝もし、
浪費癖ありて
日頃より金運に
恵まれぬのであれば、
分身の人形を粘土にて作り、
願いを託すがよい。
月の始めの日、
粘土の分身人形を
日向にさらしたのち、
紙幣の上にのせ、
その頭三回なでよ。
この願呪くり返すうち、
しだいに汝の金運、
上向くであろう。

願いごとが叶う白魔術 14

ラベンダーの枕

白魔術吉凶占い

願いが叶うかどうか、その吉凶を白魔術のラベンダーの枕で占ってみよう。

上弦の月になるまで待ち、ラベンダーのポプリを入れた枕を作る。そのときに月に、結果の判定を夢のなかで見せてくれるように祈ること。この枕を用いた夜、見た夢で判断する。

自分が美しく着飾っている夢や笑う、食べる、人に会う、唄う、などアクティブな夢ならおおむね吉。しかし、夢のなかで困難な状態にあっていたり、自分が嫌いな人と同席していたり、汚れたもののなかに座る、あるいは何ものかに追いかけられている、というのは凶である。

そのほかの吉象意は、鳥が飛ぶ（カゴから離して外へ飛ばす）、海を渡る、花が咲く（あるいは花がたくさん咲いている）、動物をつれて歩く、夢のなかの果物を印象的に覚えている。また、スピードのある乗り物に乗る、というようなものもある。凶象意としては、高いところから落ちる、ガラスが割れる、歩いたり走ったりしているのにちっとも前に進まない、自転車をこぐなどというものがある。なお、著者の場合は、夢のなかで死んでしまった人に会った。それは、近々身の上に大きな変化がおこることの予兆であり、その変化が吉か凶かは生前その人を好きであったか嫌いであったかで判断するといわれている。

ラベンダーの枕は上弦の月の晩に効力を発揮

ラベンダーの枕

汝の願い叶うか否か、
その吉凶占わんと欲するなら、
上弦の月の日、
ラベンダーのポプリを入れた
枕で眠るがよい。
その夜見た夢が、
答えとなろう。
笑う、食す、着飾る、人に会う、
鳥が飛ぶ、花が咲くなら吉。
落ちる、追われる、自転車をこぐ、
嫌いな人といるなら
凶と判断されよう。

すぐにできるおまじないあれこれ――③

◆てんとう虫を見つけたとき◆

もしあなたが女性なら、てんとう虫を空に放してやりながら、「てんとう虫よ、北へ南へ東へ西へ飛んでおいき、そしてわたしの一番好きな人を見つけておくれ」と唱えるとよい。

女性の恋人を見つける使者とされている、てんとう虫(lady-bird)の力で、まもなく理想の恋人とめぐり逢えるであろう。

◆縫いものの途中で針が折れたとき◆

針が折れたからといって、作業を途中でやめてはならない。「針千本、針千本、針千本……」と呪文のことばを口にだして、三回以上唱えること。そして、代わりの針を使って、最後まで仕あげることだ。そうすれば、きっと悪魔は退散する。

これは、手縫いのときもミシンのときも同様である。だから、必ず針は何本か用意しておこう。

◆忘れないようにしたいとき◆

左手の指に赤いヒモを結んでおくとよい。赤い色には魔力が宿っているので、約束ごとを必ず思いださせてくれるだろう。

逆に、忘れていたことを思いだしたときは、ただちに座って十数え、「わたしが座って、悪運も去る」と呪文を唱えるとよい。そうしないと、悪いことが起きるといわれている。また、こうしたまじないをするヒマのない人は、左の肩越しにツバをはきかければ、それと同等の力が得られるそうだ。

◆ライトが一つしかついていない車を見かけたとき◆

その車のルーフにさわって「パドゥダリ」と呪文を唱えてから、願いごとをするとよい。

あるいはまたデート中であれば、相手にキスをすること。そうすれば、願いごとはきっと叶うはずだ。

自分自身を変える白魔術

——実践法4——

自分自身を変える白魔術 1

アトマとイジミクリ

怠けグセがなおる

ビルマでは太陽と月の運行についての神話からアトマ（頭の黒い鳩）の赤い尻尾と、イジミクリ（頭の白い鳩）の白い頭が利己心や怠けグセのシンボルとなり嘲笑と軽蔑の対象となっている。この神話というのは、「創造神が作った平和な天地を憎らしく思った九つの太陽と十の月が地上をいっせいに照らして生物を全滅させようとしたが、創造神の活躍によって八つの太陽と九つの月は射落とされた。ところが、今度は残った太陽と月が恐れをなして隠れたので地上は真っ暗で寒い世界と化してしまった。ふたたび困った創造神は、鳥や獣を召集し、太陽と月を連れ戻すように命令したが、怠け者のアトマとイジミクリは、病気や喪中の理由をつけて出かけようとしなかった」というものだ。あなたのなかにもアトマとイジミクリが巣食っているなら、この魔法で追い払ってしまおう。

図のようにしてアトマとイジミクリの絵を墨で描く。そして怠けグセが出てきたなと思ったときに、それぞれの絵の上に大きく、太陽と月の絵を描いてビリビリに破いて捨ててしまう。これで、ひとまず、あなたの怠けグセは退散してしまうことだろう。ただし、あまり頻繁に使うと効果が落ちてしまう魔法である。

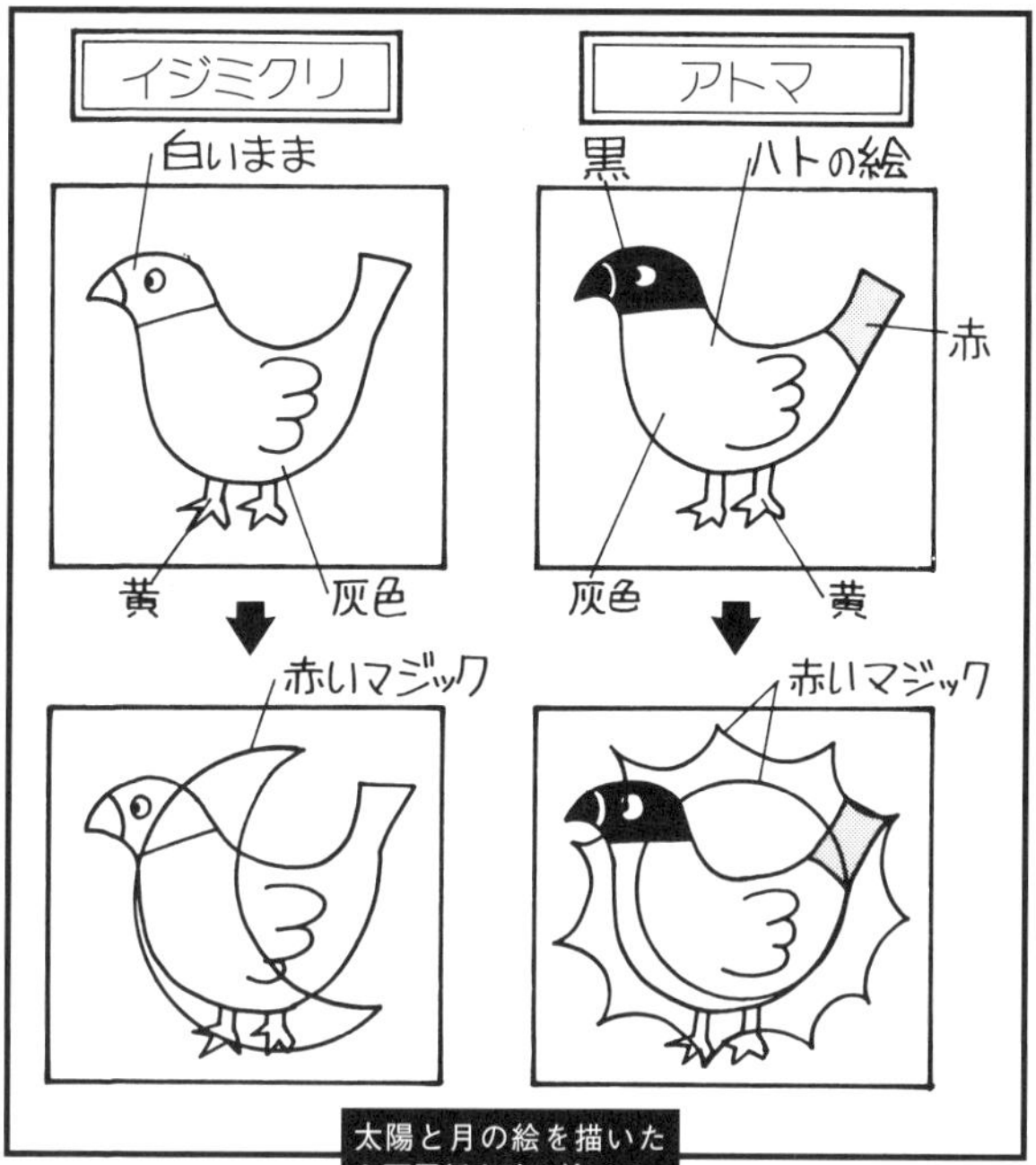
イジミクリ
アトマ
白いまま
黒
ハトの絵
赤
黄
灰色
灰色
黄
赤いマジック
赤いマジック

太陽と月の絵を描いたら画用紙を破り捨てる

アトマとイジミクリ

もし汝、
勉学や仕事において、
いつも怠けグセで
失敗しているのなら、
アトマとイジミクリの
魔法を使うがよい。
怠け者の象徴、
アトマとイジミクリの
二羽の鳩の絵を墨で描く。
そして、
汝のなかに怠け心が芽生えたら、
そこに太陽と月の絵を描き、
思いきりよく破り捨てるべし。

四精霊の魔法

心配症をなおす

いつも〝心配〟にがんじがらめになっていると、思いきったこともできず、一生うだつが上がらないままで終わってしまうことになる。そんな人に、うってつけの魔法がある。この魔法は四大精霊の力を借りたもので、アメリカ・インディアンのあいだでとり行なわれているという。

精霊が宿る聖なる山の代わりに、まずはじめに砂で山を築く。そして、五枚の旗を用意し、それぞれに「ウンガビ」「リンドロ」「カブスエル」「ベルヘロン」とインディアンの四大精霊の名前を記入する。残ったもう一枚には、次頁のようなマークを描き、すべての旗を図のように砂山に刺す。

翌日、まだそのまま砂山があれば、精霊があなたに力を与えた証拠。大急ぎで砂山は崩し、旗は捨ててしまおう。もし、砂山が崩れていた場合はもう一度、月が満月になるのを見計らってやりなおしをすることだ。

しかし、一晩じゅう、「あの砂山はどうなっただろうか、崩れはしないだろうか」と心配しているのでは意味がないから、この魔法を実行した日の晩は、なにも考えずにいることだ。

四精霊の魔法

もし汝、つねに心配ごとに悩まされ神経過敏になっているのであれば、インディアンの四大精霊に頼み、心を軽くしてもらうがよかろう。

砂山を築き、そこに四大精霊の名を記した旗四枚と、魔術の記号を記した旗一枚を定められた位置にたてよ。翌日、砂山がそのままであれば、精霊が汝に力を与えた印なり。すみやかに山を崩し、旗は捨てるがよい。

さもなくば、満月の日にやりなおせ。

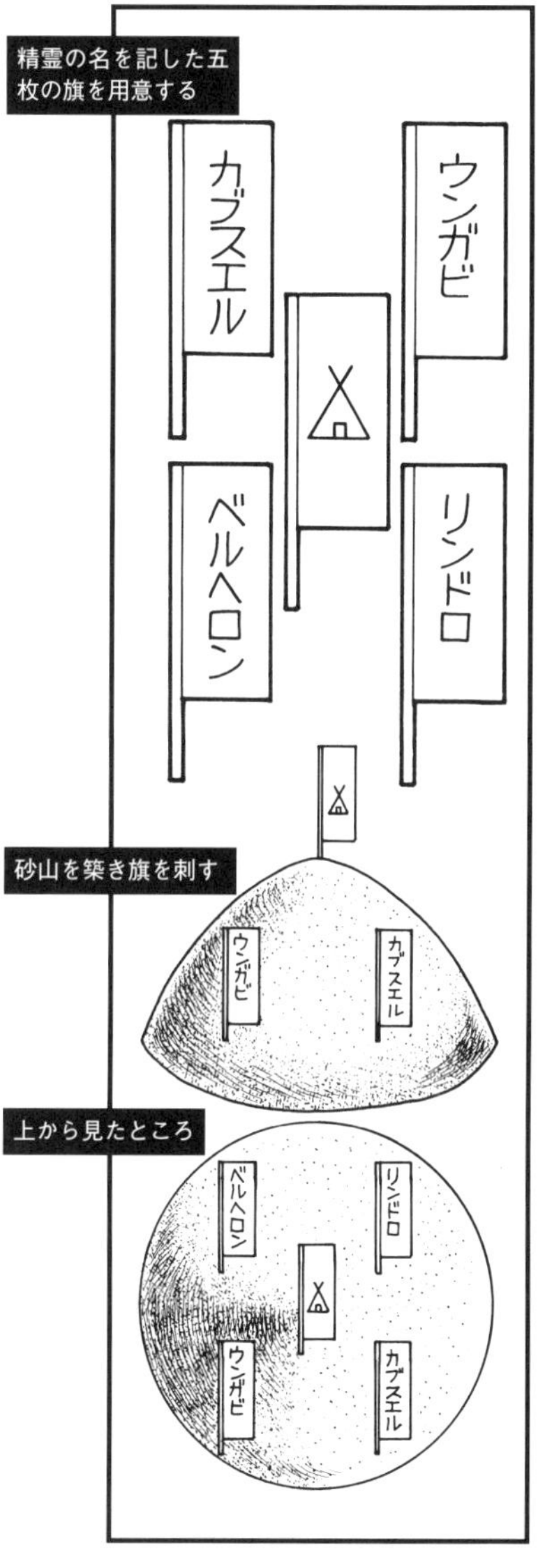
精霊の名を記した五枚の旗を用意する
ウンガビ
カブスエル
リンドロ
ベルヘロン
砂山を築き旗を刺す
ウンガビ
カブスエル
上から見たところ
ベルヘロン
リンドロ
ウンガビ
カブスエル

米粒の不安消呪

あがらないようにする

心の平静を保つということはなかなかむずかしいことだ。とくに大勢の人の前であがらずに自己表現をするということなどは、百戦錬磨のつわものでもなかなかできないことであろう。

古くからのまじないのひとつには、手のひらに人という字を三回書き、飲みこむようにすると、人をのむといってあがらない、というものもある。しかし、それだけでは心配なら、こんな方法もある。

心のなかの不安要素をひとつひとつ挙げてみて、その不安の数だけ米つぶをとり出しこれを赤く染める。そして、朝日が昇る時間がくるころ、スズメが集まるところに米つぶを撒き、スズメにこれをすべて食べさせて不安要素を四方八方へ飛ばしてしまうというのである。

これは一日だけでなく、せめて一週間は続けてみたい。なぜなら不安が多ければ多いほど米つぶの数が増え、それにともない魔法の力が薄れていくからである。

また、うっかり寝ぼうをしてしまうとせっかくの努力も水の泡になるので、この魔法をかける期間はつとめて早起きを心がけたい。

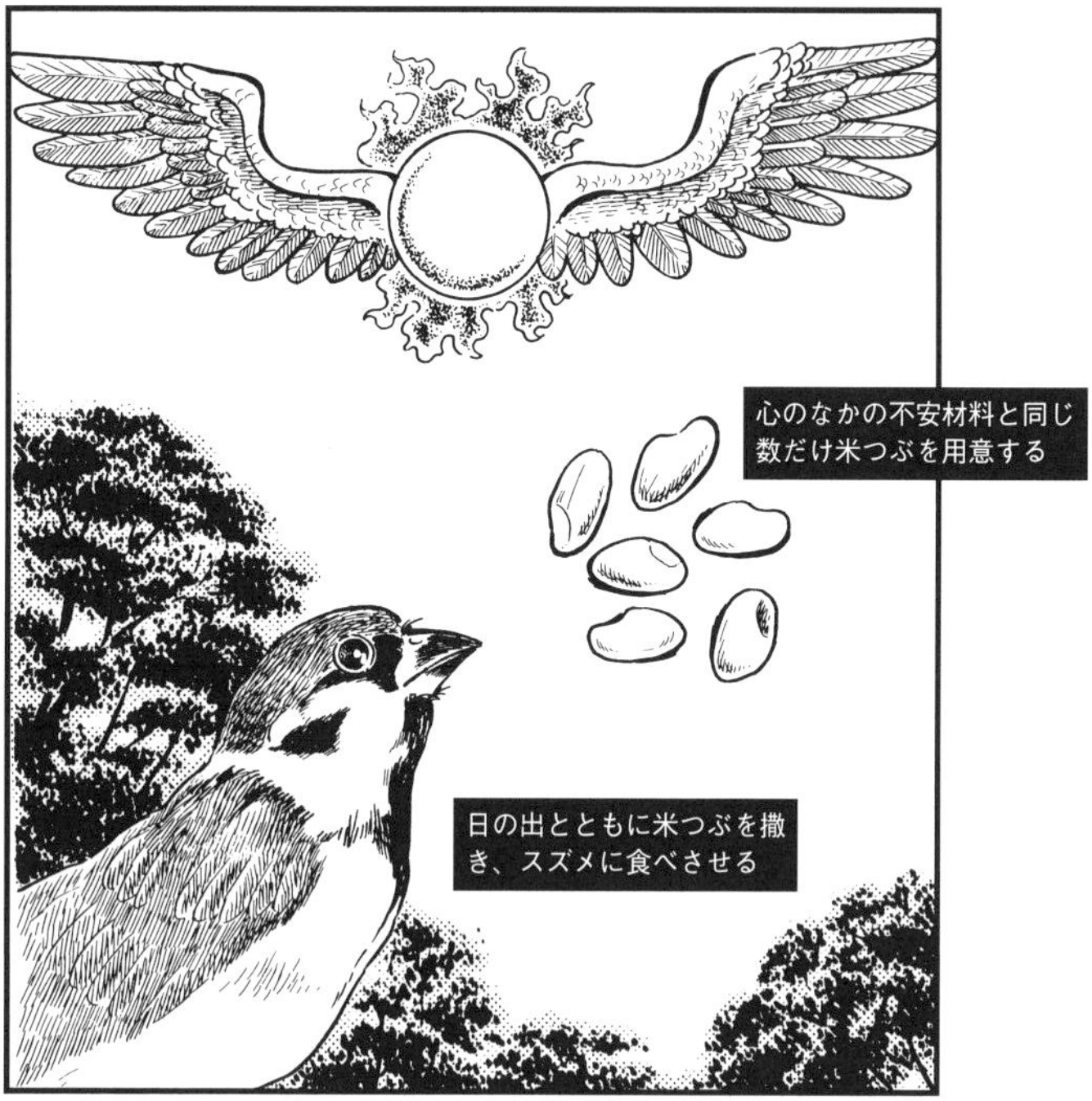
心のなかの不安材料と同じ数だけ米つぶを用意する
日の出とともに米つぶを撒き、スズメに食べさせる

米粒の不安消呪

汝、
どんな時でもあがらず、
平常心を保っていたい
と欲するなら、
その心を苦しめる不安の数だけ、
米粒を用意せよ。
この米粒、
赤く染め、
次の朝日が昇る時、
雀に食べさせてしまうのがよい。
汝の不安は
四方八方に飛び去るであろう。
ただし、
この呪法は
少なくとも七日は続けられたし。

自分自身を変える白魔術 4

インセンスの鎮静法

イライラを落ち着かせる

イライラを鎮静するためには、古来、瞑想法、インセンス（香）法によるものが一般的である。瞑想によるものは、訓練なしにいきなりというわけにいかないのでここでは比較的実践しやすいインセンス法をとりあげてみよう。インセンス法は香を使ったものであり、嗅覚を刺激して心に平安をとり戻す術である。魔法とは少し性質が違うので予めことわっておく。

香を選ぶ場合は、自分が好きな香りを基本とし、あまりきつくない香りを二種類用意する。

では、実践に入ろう。ゆっくりとバスタブに浸り沐浴する。身体を締めつけないゆるい衣類に身を包み、電気を落としてキャンドルを灯す。そのときに香を焚きながら、「アモン・アモン・アモン」とゆっくり三回呪文を唱え、なるべくなにも考えずにしばらくリラックスする。一回目の香の香りが途絶えたらふたたび香を焚き、後頭部のつけ根あたりを親指で十回くらい押し、先ほどの呪文を三回唱えるのである。

香がすっかり途絶え、キャンドルも消えそうに短くなったら、パンッ！　と大きな音が出るように手を叩き、フッ！　とキャンドルの灯を一気に吹き消す。これで、イライラしていた心はかなり鎮静していることだろう。

香を焚きながら呪文を三回唱える
香が途絶えロウソクが短くなったら手を叩き火を消す

インセンスの鎮静法

もし汝、
苛立つ気持ち鎮めんと願うなら、
ゆっくりと沐浴するがよい。
しかるのち、
ゆるい衣類をまとい、
暗い部屋でロウソクを灯せ。
香を焚いては
「アモン・アモン・アモン」
と三回唱え、
うなじを指で押す。
火が消える直前に手を叩き、
一息で灯を吹き消せば、
汝の心落ち着こう。

自分自身を変える白魔術 5

聖ゲオルグの呪法

勇気が出てくる

スラブには森の精、水の精の民間伝承が多く、自然とひじょうに密着した地域だ。

南スラブにおいては春の聖ゲオルグの日（四月二十四日）に〝緑のゲオルグ〟という儀式がとり行なわれる。この儀式では聖ゲオルグになぞらえた一人の若者を、白樺の枝と葉で飾り、この若者を先頭に若者たちのグループが家々をまわり、春を迎える歌を歌い食べ物を受けとる。

聖ゲオルグというのは、竜退治の伝説で有名な聖人で、勇気のシンボルになっている。

さて、この聖ゲオルグにちなんだ、人に勇気を授けてくれる魔法の説明に入ろう。まず、ゆっくりと入浴し、身を清め香油を体に塗る。香油がない場合はボディローションなどで代用してもよい。そして、前々から用意しておいた白樺の木の写真、または絵を自分の前に置き、春を迎える呪文「ペルーン・ヴォーロス・ストリーボグ・ダージボグ・ホルス・モコシ・セマルグル」と唱えながら、その写真（絵）のまわりを三回まわる。その写真は机の上に飾っておき、いよいよ勇気を必要とするときは、必ずその写真を一分間見つめてから出かけよう。そうすれば聖ゲオルグの勇気が宿り、不思議と恐いものなしになることだろう。

聖ゲオルグの呪法

もし汝、
勇気が必要なら、
スラブの聖人ゲオルグに授かろう。
沐浴で清めた体に香油を塗り、
しかるのち、
白樺の写真を前に置き、
呪文を唱えながら
三回そのまわりをまわれ。
聖ゲオルグの魔力で、
その写真見つめるたびに、
汝のなかに
勇気湧きいでるであろう。

自分自身を変える白魔術 6

バッカスの秘呪

酒グセの悪い父や恋人をなおす

ディオニュソス（バッカス）は、ギリシャ神話のなかに登場してくる酒神であり、酒によるエクスタシーを人びとに教えた。ディオニュソスにぶどうの秘密とその発酵した汁がもたらす恐るべき魅惑を手引きしたのはシレノスである。ディオニュソスは、ときにリュシオス——ゆるめるもの——とも呼ばれるが、これは彼のぶどう酒が人びとを日常生活のかたくるしさから解放するからであり、また飲みすぎた場合には、舌をゆるめさまざまなことを語らせるからだともいわれている。

ディオニュソスは人びとに、酒の力で恍惚の境に身を委ねる術を教えてくれた神として讃えられているが、やはりときには酒の力により好ましくない状態になることもあろう。もしあなたの恋人や肉親がそのタイプで困っているなら、ディオニュソスの聖なる植物をまつり、そのあとでそれをすべて乾燥させ、酒グセの悪い本人に煎じて飲ませてみることだ。聖なる植物とはぶどう、つた、ばらの三種類である。乾燥させたら、わからなくなるくらいに細かく刻み、白湯にごく少量おとしてから、他の茶類に入れなおし、混合させて飲ませる。これを毎日、本人には絶対に気づかれないように実行するとよい。

つた
ぶどう
ばら
その白湯でお茶を入れて
毎日、相手に飲ませる
乾燥させた三種類
の植物を細かく刻
んで白湯に落とす

バッカスの秘呪

もし汝、
酒癖の悪き者に
悩まされているならば、
酒の神バッカスにちなみ
三種の聖なる植物を用意せよ。
それらを乾燥させたのち、
細かく刻み、
白湯に落とし、
さらに他の茶類に混ぜて、
相手に飲ませるがよい。
日々、
この秘呪を続ければ、
やがて酒量も減り自戒するであろう。

ひまわりの願呪

集中力をつける

集中力のない人間はやはり、他者に差をつけられてしまうようである。では、いったいどうすれば集中力がつくのだろうか。自分に少しでも集中力を、と望むむきはこの魔法もまんざらではない。方法的には少女のまじないのようであるが、効果はあまり劣らない。

この魔法は、地中海に面した国の人びとが多く行なっているらしい。おそらく、ギリシャ神話にゆかりの深いこの地の人びとが、クリュティエーやアポロンに愛着を感じるからなのだろう。クリュティエーは水の精でアポロンに強い好意を抱いていた。しかし、アポロンはそれをずっと無視していたのである。クリュティエーは毎日彼の動く姿を見守り、とうとう地に根を生やし顔は花となり、太陽神アポロンを見守る〝ひまわり〟と化してしまった。その神話の内容はこのようなものである。

さて、集中力のつく魔法のやり方だが、まず、黄色の木綿地で作ったポーチに太陽の刺繍を施し、四つぶのひまわりの種を入れる。それを七日間、家の軒下にさげるか、部屋の東側に吊るす。試合や試験など特別の日には、このポーチを身につけておくと集中力に恵まれるそうだ。また、太陽の光をいっぱいに浴びられる場所ならいずれの場所に置いてもかまわない。

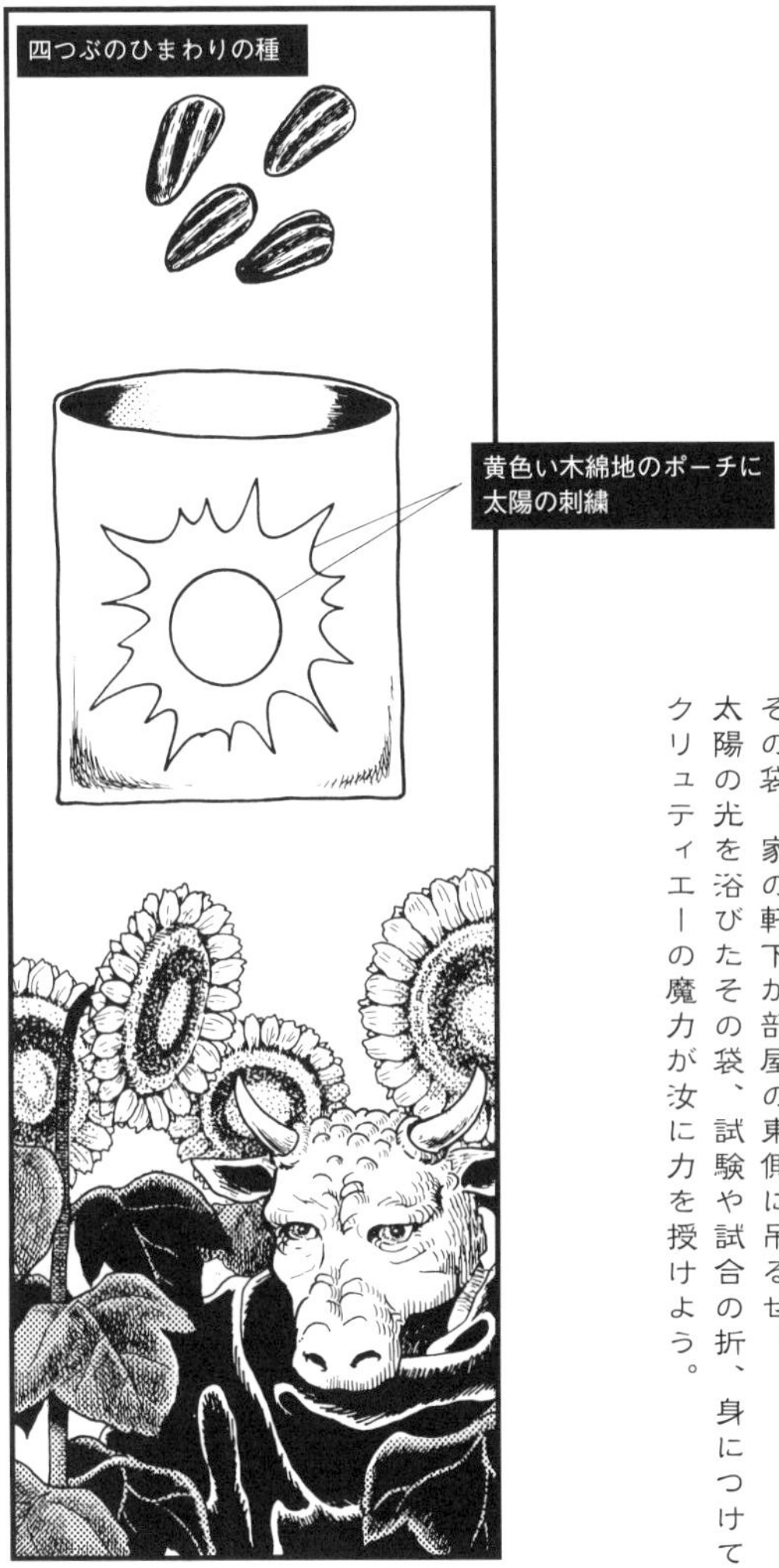

ひまわりの願呪

もし汝、集中力をつけたいと願うなら、クリュティエーの集中力を分けてもらうがよい。黄色の木綿で作りし小さな袋に、太陽の刺繍を施し、そのなかに四粒のひまわりの種を入れる。

その袋、家の軒下か部屋の東側に吊るせ。

太陽の光を浴びたその袋、試験や試合の折、身につけて臨めば、クリュティエーの魔力が汝に力を授けよう。

自分自身を変える白魔術 8

創造神プターの魔法

意志を強くさせる

自分のなかには、もうひとりの弱い自分がいないだろうか……? せっかく、決心したのにその決心を崩してしまったり、勇気ある行動をとろうと思ったのに考えれば考えるほど、臆病風に吹かれてしまったり……と、それはすべて心のなかにいるマイナーな自分によることが多いようだ。この心のなかの敵に勝つ魔法をあなたに教えよう。

古代エジプトの墓に刻まれていた文字を編纂した、『死者の書』一六六章には、「頭を水平線にまで持ち上げ、高められたそれによって勝利する、創造神プターは、あなたの敵を滅ぼすことだろう」――とある。

この言葉を厚紙に書きこみ、勝利の聖杯を赤いインクで描いておく。そして、この厚紙をつねに枕の下に置いて眠る。そうすれば、プターの加護により、心のなかで足を引っぱってくる弱い自分を追い出すことができるはずだ。

厚紙は毎月、新月の日（満月から数えて十四日目の日である）に新しく作りなおすことが大切であり、それを忘れてしまったときには、前進しようとする足を引っぱる弱い自分に逆戻りしてしまうことだろう。くれぐれも気をつけたい。

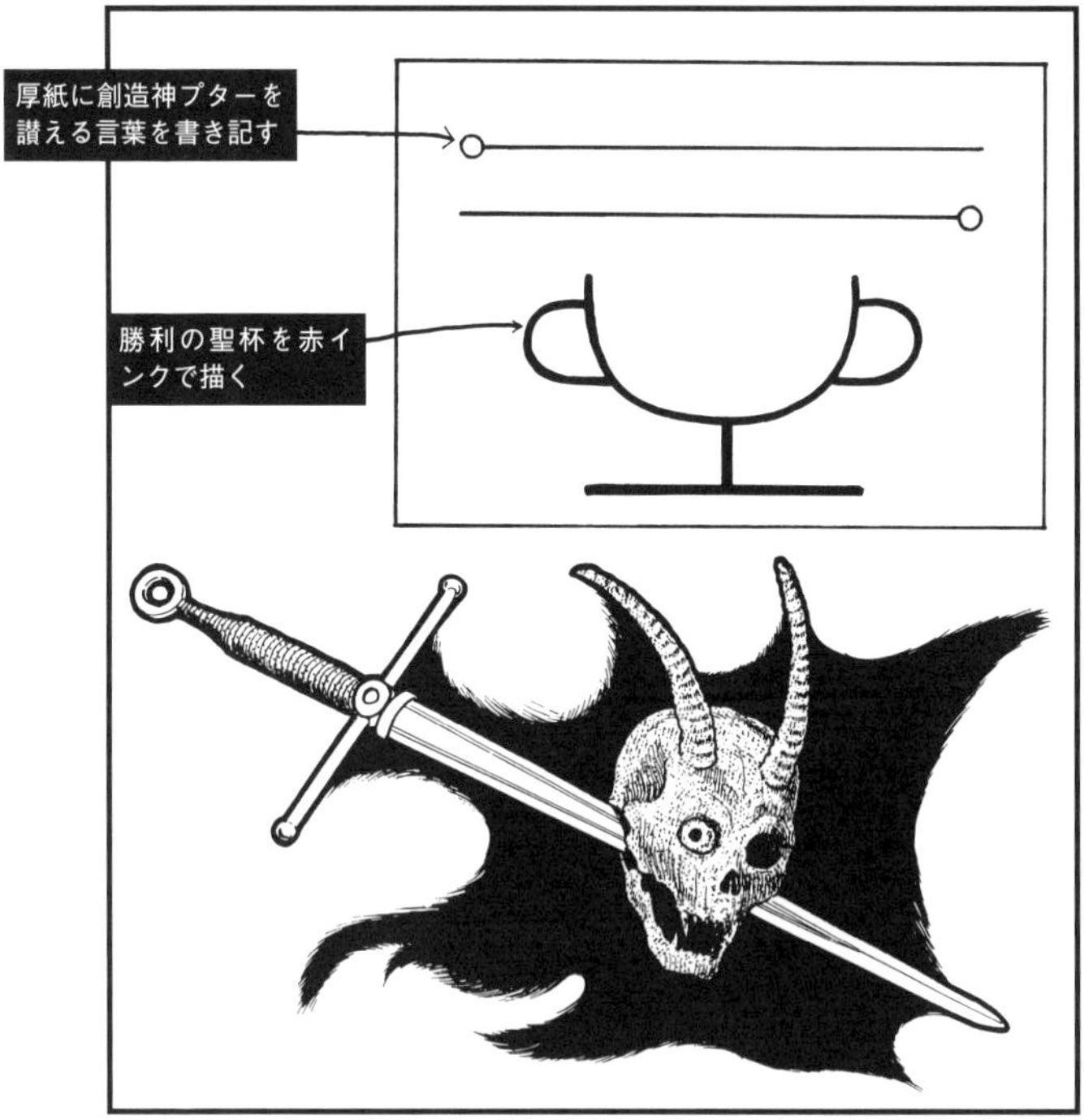
厚紙に創造神プターを讃える言葉を書き記す
勝利の聖杯を赤インクで描く

創造神プターの魔法

汝、
優柔不断の弱き面ありて
歯がゆき時は、厚紙に
「頭を水平線まで持ち上げ、
高められたそれによって勝利する、
創造神プターは、
あなたの敵を滅ぼすことだろう」
と記し、
勝利の聖杯を
赤インクで描いたもの、
つねに枕の下に置いて眠るがよい。
心のなかの敵に
やがて勝つであろう。

アンクの秘符

人に好かれるようにする

アンクというのは、生命のシンボルを形どった現代の欧米諸国でもっともポピュラーなお守りである。愛情や人気の守護星・金星に形の似ているところから、その起源は奥深くカバラ哲学やヘルメス哲学も関与しているものと思われる。このお守りを身につけている人は、不思議と周囲の人びとを魅きつける力をもち、誰からも好かれるようになるといわれている。

本格的には、金または銀でこのお守りを作り、ペンダントとして用いるのが正統派のやり方だが、あなたの場合はもちろんイミテーションでかまわない。

また、黒い紙の中央に金色の絵の具やマーカーを使い、このマークを描きこみ、同じものを四枚作る。そして、部屋の東西南北の四隅に置くという方法もある。

ただし、この場合は、人の目にふれないような場所を選んで置くことが条件。一枚でも見つかってしまったら、他の三枚も効力を失ってしまうので、ただちに処分して改めてやりなおすことだ。またこの魔法を後者の方法で実行するときには、月の第一金曜日にすることが条件である。

黒い紙に金の絵の具でマークを
描き、部屋の東西南北の四隅に
人目にふれないように置く
N
NE
E
SE
S
SW
W
NW

アンクの秘符

汝、
人びとを魅きつけ
誰からも好かれる人物にならん
と願うなら、
生命のシンボルである
アンクのお守りに頼るがよい。
月の第一金曜日、
四枚の黒き紙に金でアンクを描き、
それぞれ、
部屋の東西南北の四隅に置く。
人目にふれなければ、
いつしか、
汝の周囲に人集まらん。

自分自身を変える白魔術 10

韋駄天の魔除け

ひっこみ思案をなおす

スピーディーになんでも判断し、テキパキと行動できたなら……と思う人は多いことだろう。とくに年々、情報が過密化し即断が要求されている社会情勢のなかでは、積極的に行動ができるということは大きな武器である。そこで、ひっこみ思案でなかなか行動ができない……というあなたのために護符を提供する。

この護符の絵柄になっている紙は〝韋駄天《いだてん》〟という。韋駄天走りというように、この神は走るスピードが速いということで有名なのだが、もともとは悪魔を討伐する軍神で、のちには小児を襲う疫病神の首領となり、同時にこの神を崇拝する人びとに生命と活力を与えるともいわれている。この神を身につけることによって受ける恩恵は数々あり、私も、ここ一番というときには肌身離さず持ち歩き、多くの幸運を得てきた。

あなたもぜひ身につけたいというなら、このイラストを切り取って定期入れなどに入れて持ち歩くか、あるいはコピーをしてていねいに切り取り、身につけられたい。ただし、この神は潔癖な神なので、半信半疑で持ち歩くなら恩恵どころか手痛いシッペ返しがあることだろう。万事気をつけられたい。

生命と活力を与えてくれるという軍神・韋駄天の護符。コピーしてきれいに切り取っておくとよい

韋駄天の魔除け

もし汝、
すばやい行動がままならず、
ひっこみ思案で損をしているなら、
生命と活力を与える軍神・韋駄天の
恩恵に預かるがよい。
韋駄天の絵を切り取りて、
財布や手帳、定期入れに
忍ばせるだけで、
汝に積極性生じよう。
ただし、
半信半疑で持ち歩くことならず。

自分自身を変える白魔術 11

招運の護符

心を晴れ晴れとさせツキを呼ぶ

悪いときには悪いことが重なる――この言葉には一理ある。心には法則があり、悪循環のくり返しということもまたちゃんと説明がつくのである。そういった意味でこのごろ、良くないこと続きというあなたは、どこかでパチンと流れを変える必要がある。これこそは白魔術の大切な役目であろう。

能書きはさておき、実践に入るが、この護符を作る日は体調、機嫌ともに良い日に限る。具合が悪い日に不機嫌になりながら護符を作っても、なんの意味もないからである。

白い和紙を用意し、毛筆で図のとおりになぞって同じものを作る。そして、部屋の辰巳の方向（南東）に貼っておくようにしたい。

また、この図柄をすっかり暗記し、困難な状態に陥ったときに手のひらのなかになぞるように描くと、解決の手立てが見つかることだろう。

書き順にはあまりこだわらなくても良いが、右の方から左の方へと、そしてまた上から下へ書くのが通常の書き方である。

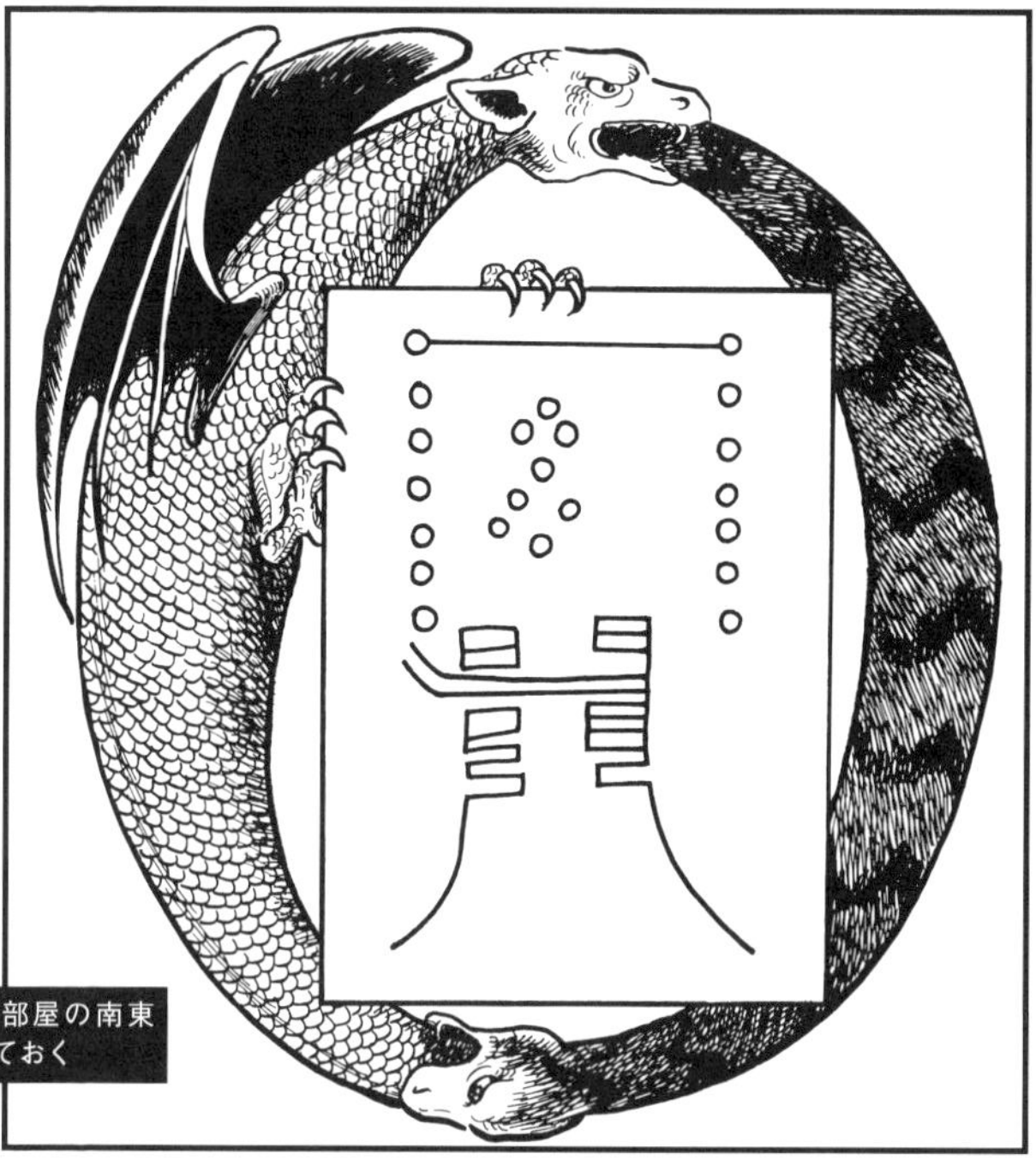

護符は部屋の南東に貼っておく

招運の護符

もし汝、
悪いことが続き
落ち込んでいるようなら、
招運の護符で、
流れを変えてみるがよい。
白き和紙に毛筆で護符を描き写す。
この符を部屋の辰巳の方角に貼り、
困難に陥りし時は、
図柄を右から左、
上から下へと掌になぞれ。
汝の運、
やがて良き方へと流れを変えよう。

白魔術Q&A——①

Q 魔法を実行するにあたっての心がまえは？

A まず邪心を捨てること、また、「まあ、どんなものか一応やってみるか……」というようなあいまいで中途半端な気持ちを捨てキチンと決心してから始めること。沐浴して身を清め、自分の好みの香油（ボディローションでもよい）を用意しておくことも大切なことである。また、黒魔術とはまったく逆のことを実行するのだと認識してから実行していただきたい。

Q 誰かの代理として実行することはできるか？

A 人間はそれぞれ個人個人、生まれながらの霊位も違うし、集中力、念のパワーもまちまちである。だから、厳密には、同じ魔法をやって正確に実行の方法をなぞらえたとしても、個人によって微妙に違う結果が生じることもある。

そういった意味で、代理人をたてての魔法の実行は無理だし、はじめから考えない方がよい。もし、あなたが多忙で、七日間連続して行なわなければならない魔法のうち一日だけでも誰かに依頼すれば、その魔法はその瞬間に破戒されたも同然である。

Q 使った道具の後始末は？

A 基本的には捨ててもよい。しかし、あー終わった、さあ捨てよう、と他のゴミといっしょに捨ててしまうのは邪道だ。きちんと奉書紙に包み、燃えるものは燃やし、不燃物はゴミ入れに捨てる。この時に、感謝しながら捨てることを忘れてはならない。本文中に特に捨てる日時の指定のないものはいつ捨ててもよいが、まじないの効果が現われたなら、いつまでも放置しておかずに処分することを考えた方がよい。

Q 同時にいくつもの魔法を実行してよいか？

A この答えはもちろん、ノーである。ひとつのことに全身全霊を傾けて実行しなければ、願いが叶わないどころか、中途半端な〝念〟があちこちに浮遊することになる。身体に支障をきたすこともあるので要注意。

また、ひとつのことを実行してから終了するまでのあいだに、なんらかの事情でもう魔法が必要でなくなった場合は、すみやかに実行を中止し、沐浴をして使用した道具を処分することである。

―実践法5―

呪い返しの魔術

呪いがえしの魔術 1

憎呪のタリスマン

憎むべき相手を呪う

悪霊を動かして憎むべき相手を呪う魔法である。しかし、ゲーテが描いた、悪魔メフィストーフェレスに誘拐される老学者、ファウストのようにならないでほしいものだ。ファウストとは十五世紀末から十六世紀中頃にかけて実在したドイツの錬金術師、ドクトル・ヨハン・ファウストのことである。悪魔に地獄に引き立てられていくところを、間一髪で天に救われる。

このまじないに使用する紋章（タリスマン）は、メダルにする必要があり、金属以外は好ましくないのであらかじめことわっておく。図のような絵柄を彫りこんだメダルを持ち、四方にキャンドルを立てたら、その中央に北に面して座る。このとき、もう一方の手に玉ネギを持つと効果が大きいといわれている。そして、敵に対して憎しみをこめて、「オーッ」と唸る。この時間は長ければ長いほどよい。

その後、内側よりキャンドルの火を消して、使ったキャンドルは教会の庭のなかに埋める。タリスマンはあなたの身を守るものなので、そのときにけっして身から離さないようにするべきである。こうすれば、あなたの唸り声に呼応した霊が敵を苦しめるであろう。この呪いは、誤った使い方をすると、背骨の病気になるという、もっとも危険な魔法の一つである。

タリスマンとタマネギを持ち、北を向いて座る

憎呪のタリスマン

もし汝、
憎むべき敵が存在するならば、
金属に悪霊を動かす紋章を彫るがよい。
四方にロウソクを立てたなかに、
片手にその紋章、
片手に玉ねぎを持ち北向きに座る。
しかるのち、敵に対し、
憎しみをこめて唸れ。
その声に呼応した悪霊が、
汝の敵を苦しめてくれよう。

呪いがえしの魔術 2

イシスの守護符

恨みより自分を守る

別に人に恨まれるようなことをしなくても、なにかの誤解で人に恨まれてしまうこともある。そんなときには、イシスの帯の止め金と呼ばれる護符を持っていると、その偉大な力によって心身が加護されるといわれる。このお守りは、『死者の書』の一五六章と結びつけて解釈されており、「イシスの血、イシスの力、イシスの威力の言葉この偉大にして高貴なる者を保護し、嫌悪の念を抱きてこの者に向わんとする者より、守護する力となりて、強力に働くべし」という内容の章文が彫りこまれているという。

この護符を作るためには、直径が五ミリ以上で長さ十センチくらいの太ひもと赤いガラスビーズ、そして、これを携行したいのであれば金の鎖が必要だ。作り方は図を参考にし、ひもを二つに折り、その中央を赤いビーズを通した細ひもで三重にグルリと縛る。

自分を恨んでいる相手が具体的な対象として現在いるのであれば、その人と会見するときにこのお守りに金の鎖をつけ、ネックレスのようにして身につけていく。相手の目にふれると魔力が衰えるのでふれさせないようにすることが鉄則だ。

イシスの守護符

汝もし、誤解により他人の恨みをかってしまったのなら、
イシスの力を借りて、その恨みより自分を守るがよい。
長さ十センチあまりの太い紐を二つ折りにし、
中央で束ねるように赤いビーズ糸で三重に縛れ。
エジプトの女神イシスの帯の止め金にちなみしこのお守り、
相手の目にふれぬようにして携行し、会見にのぞめば、
恨みの刃ふりかざされることなかろう。

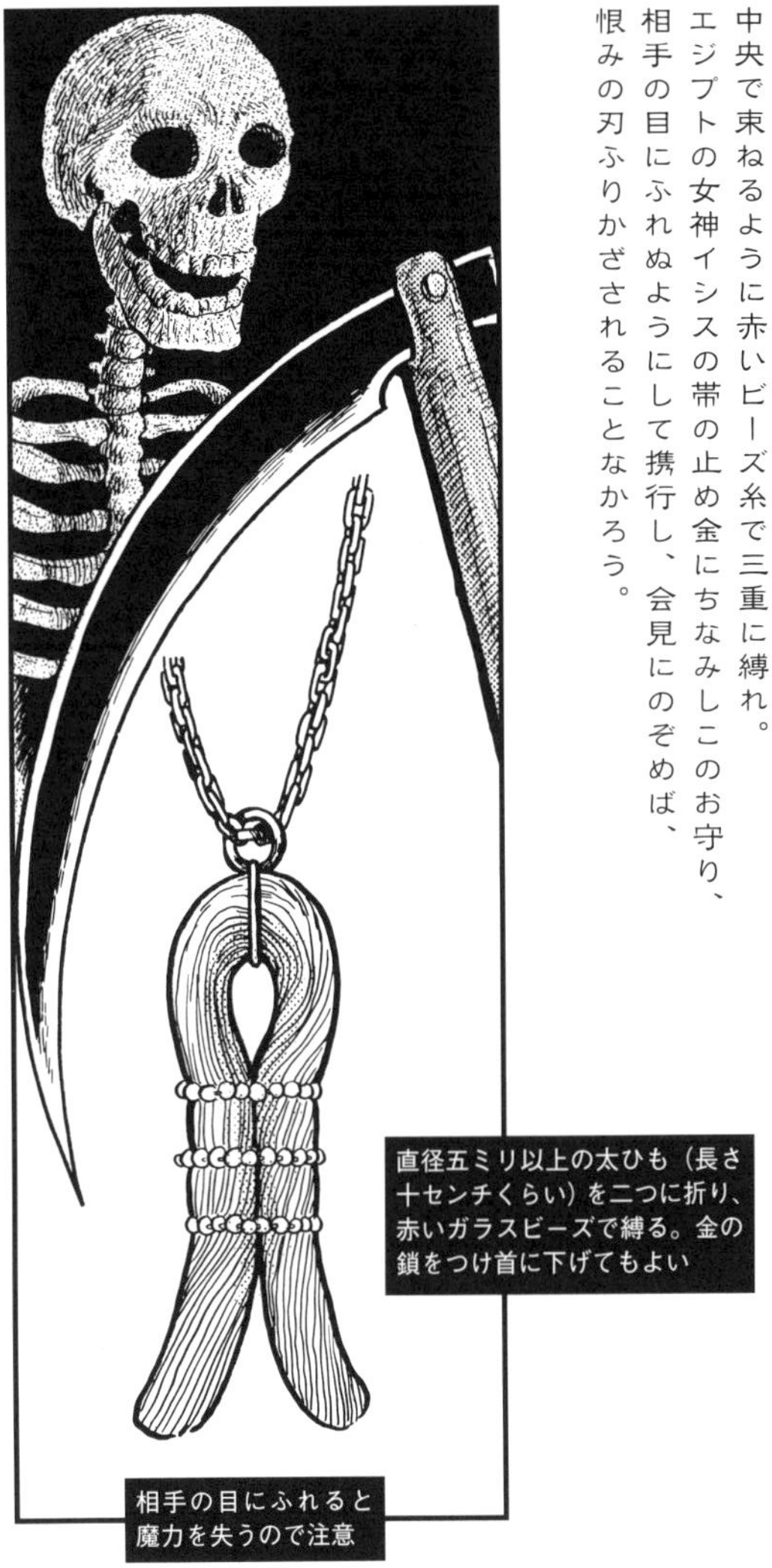
直径五ミリ以上の太ひも（長さ十センチくらい）を二つに折り、赤いガラスビーズで縛る。金の鎖をつけ首に下げてもよい
相手の目にふれると魔力を失うので注意

呪いがえしの魔術 3

アリオーンの人形

予期せぬ不運を消す

あらかじめおことわりをしておくが、これは黒魔術ではない。自分自身の不運を消すための身代わり人形とでも思えばよいであろう。

アリオーンは、有名な音楽家でコリント王ヘリアンドロスにたいへん気に入られていた。あるとき、アリオーンは王に頼み、諸国放浪の旅に出ることにしたのであるが、不幸にして船旅のさなかに財産めあての水夫に一命を奪われそうになるのである。最期の場面で彼は、歌を唄うことを望み、立派な衣装を身につけて詩を奏でた。その後、みずから海へ飛びこんだが、彼の詩のすばらしさに海に住むニンフたちは心を動かされ、彼を助けふたたび王のもとに戻ることができた。王は水夫を罰し、アリオーンの晩年は幸せであったそうである。

もし、あなたが予期せぬ不幸に襲われたり人に陥れられているのであれば、アリオーンの人形に託して不運から逃れよう。この人形は海のニンフの力を借りて、あなたを不運から守ってくれるであろうから。

この人形はけっしてうまく作れなくてもかまわない。ただ、なかに香りのいいハーブなどを詰め、心をこめて作ることが必要である。

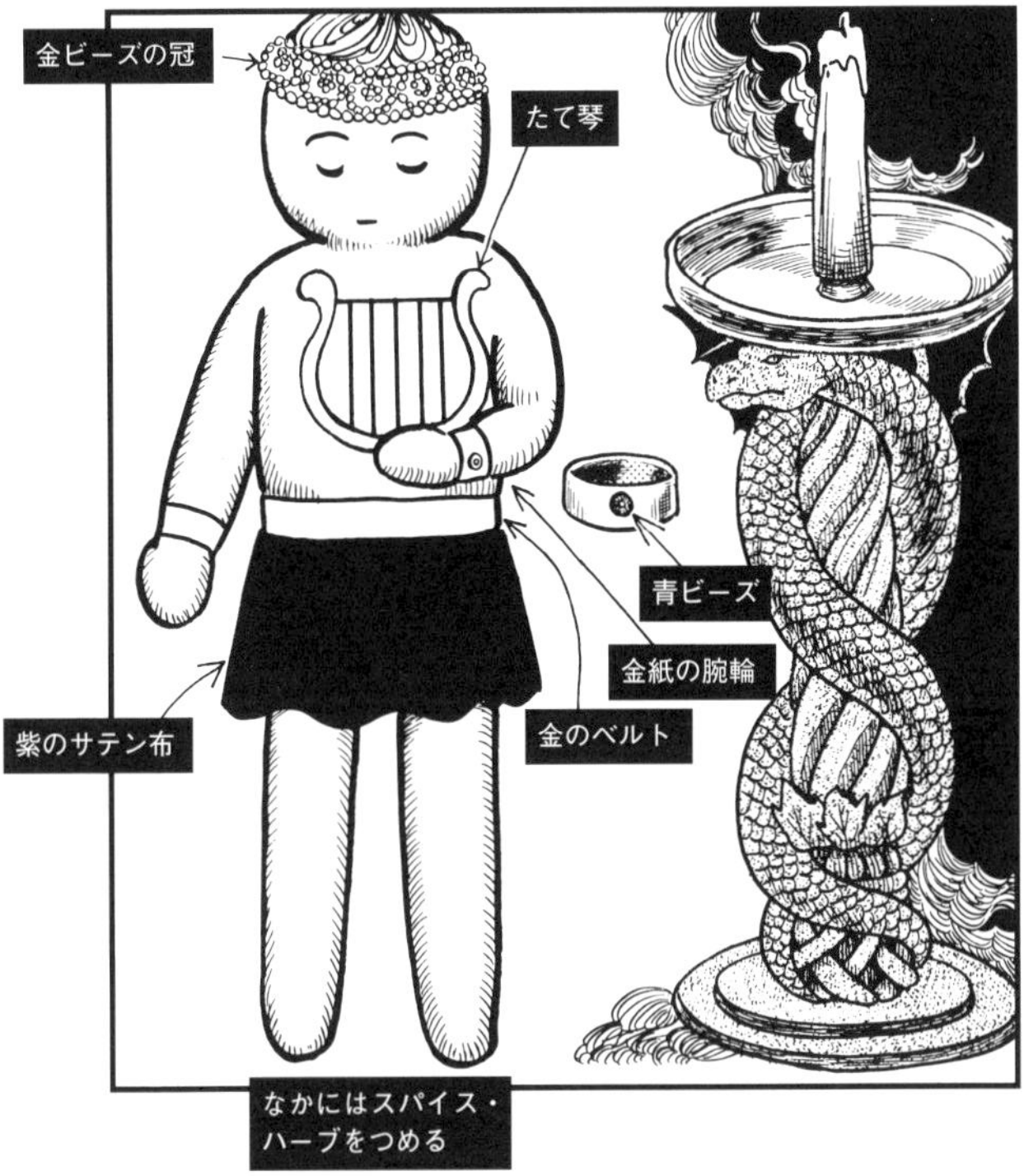
金ビーズの冠
たて琴
青ビーズ
金紙の腕輪
金のベルト
紫のサテン布
なかにはスパイス・
ハーブをつめる

アリオーンの人形

もし汝、
他人に陥れられそうになったなら、
伝説の音楽家アリオーンの人形を作り、
海のニンフの力を借りるがよい。
人形は頭には金のビーズの冠、
腕にはたて琴、
手首には金紙の腕輪を持たせよ。
なかに香り草をつめて心をこめて作れば、
汝の不運、
人形が身代わりとなって受けよう。

毒人参の魔呪

誰かに呪われているかどうか知るI

誰かに呪われているかどうか知る――これも暗いテーマである。しかし、現代のような熾烈な競争社会では、まったく自分が関知しないところで足を引っぱられている場合もある。しかも、ワラ人形などという〝呪い〟の手段で……。このまじないなら、呪いの相手や呪われているかどうか知ることができるが、願わくば試みるのは一度きりにしてほしいものである。

土曜日の早朝に（夜明け前である）、根が二つに分かれているニンジンを左右の手に持ち、「日の出とともに我が宿敵よ、現われよ」と唱える。そして、そのニンジンを窓の外に放り投げるのである。

あなたを呪っている相手は、そのときに夢のなかであなたの姿を見るであろう。

このまじないを土曜日以降、毎朝、一週間のあいだ続けるのである。そうすると八日目に呪いをかけている相手が顕《あら》われる。

しかし、どうやって顕われるかは、夢のなかでかあるいは暗示言葉か、またあるいは、そのものズバリか……多種多様な顕われ方をするので、八日目は気を張りつめていなければならない。この日をすぎてしまうと、なかなかその正体を見破るのはむずかしくなるだろう。

根が二又に分かれている人参が見つからなければ、包丁で切って作ってもよい

毒人参の魔呪

もし汝、
誰かより呪われていると不安を覚えるなら、
土曜日の朝、陽が東の空に昇る前、
二又に根の分かれし人参を両手で持て。
しかるのち、
〝日の出とともに我が宿敵よ、現われよ〟
と唱え、人参を窓の外に投げよ。
この呪法続ければ、
八日目に、
汝の敵姿を見せるであろう。

神々の呪法

誰かに呪われているかどうか知るⅡ

呪われているかどうかを確かめる方法には次のようなものもある。

まず、図のような紋章（神々の呪法）を紫色の紙にグリーンのインクで描き写す。次に祭壇を作り、図のようにキャンドルを並べ、心を落ち着け、インセンス（香）を焚きキャンドルに火をつける。このときにあらかじめ気になる、つまり自分を呪っているのではないかと思われる相手がいるのであれば、その人物の持ち物があるとさらによい。

十分間目を閉じ、メディテーションし、その後に静かに目を開き、キャンドルの炎の状況を判断するのである。このとき、紋章は手に握るか、身につけているようにする。炎がゆらめきスパークリングしていれば、あなたを憎む敵がそばにいる。しかし、まっすぐに炎が昇っていれば、近々、幸運がやってくることであろう。炎の見方はかなり熟練しなければ容易に判断はできないものだが、あなたは自分の目を信じればよい。直感を大切にすることだ。

炎がゆらめきスパークリングしていた場合には、部屋の扉に先ほどのタリスマンをかかげ、銀の鎖を両脇にかけておくこと。これで呪い返しができるのである。

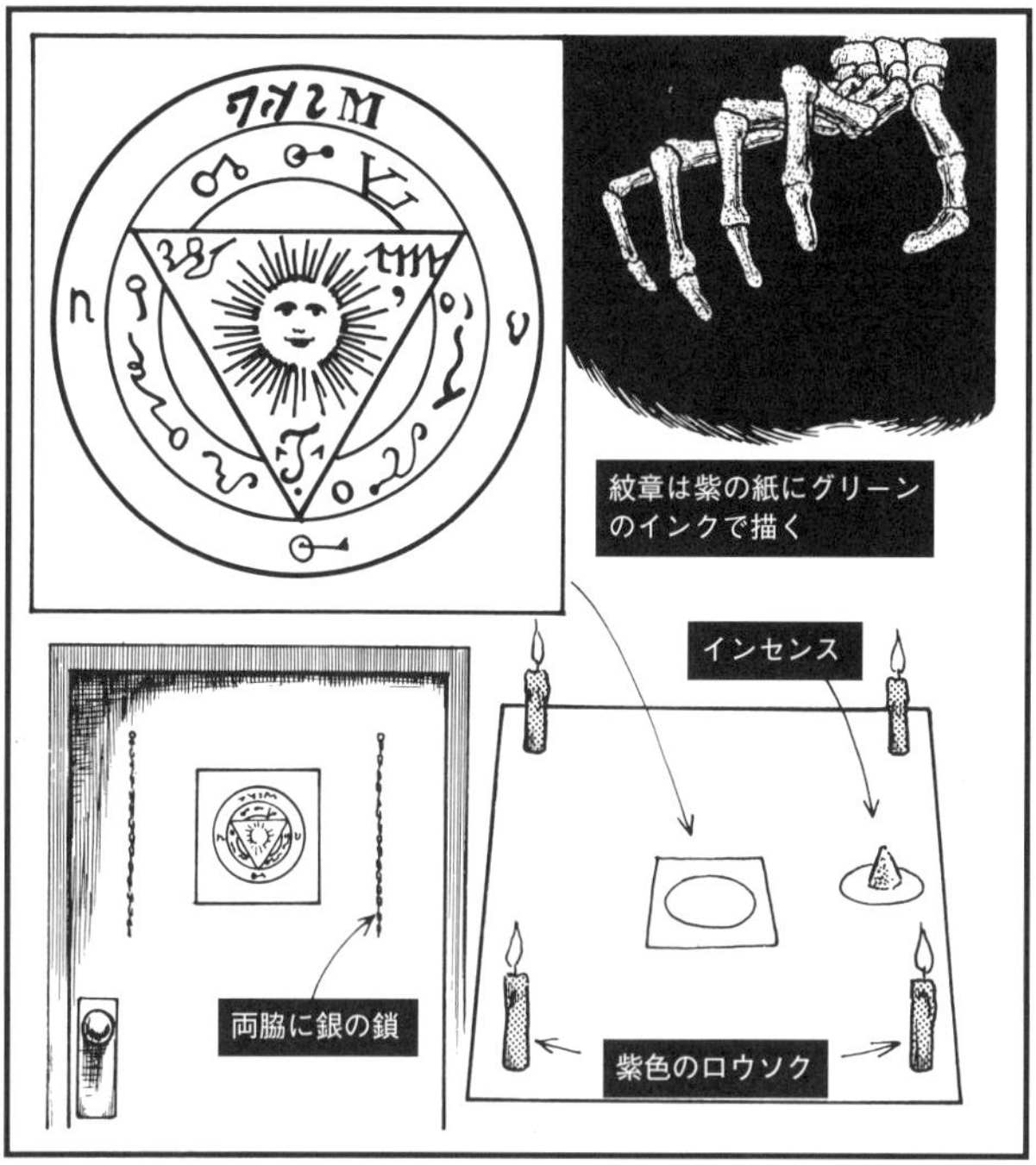
紋章は紫の紙にグリーンのインクで描く
インセンス
両脇に銀の鎖
紫色のロウソク

神々の呪法

もし汝、
聖なる炎を用いて、
人に呪われしかいなか、
知ろうと欲するなら、
まず、紫の紙に緑のインクで、
神々の呪いの紋章を描くがよい。
そののち、
ロウソクを四隅に立てた祭壇を作り、
火をつけ心を落ちつかせる。
ロウソクの炎乱れし時は、
汝を呪う相手のいる証拠なり。

呪い返しの呪法

かけられたのと同じ呪いを相手に返す

呪い返しの方法のひとつである。しかし、呪いを返したときには、呪いを逃れるときと違い相当なリスクをのちのち背負うことになるであろう。心から勧めることのできない方法である。

人形を白い紙で作る。次に白い紙に次頁に記してある霊文を書く。裏に自分の性別と年齢を数え年で記入し、呪文を百回唱え、人形をその霊符で包む。そして、かたく封をし、自宅より見て吉方の川、または海に流すのだ。

そのときには絶対に後ろを見ずに帰ること。そうすれば、自分にかけられたのと同じ呪いは相手にはね返っていくのである。呪文は次のごとし。

おんばじらぎに　はらじはたや　そはか

また、自宅より見て吉方の川（または海）は人によって違うので、わからない場合は、いつも自分が寝るときに枕を置いている方角にある川（または海や溝、くぼみなど）でかまわない。

このまじないのあとは、自分をとり囲む人に善行を施し、しばらくのあいだ、早起きを続け日の出を拝むようにすること。

呪い返しの呪法

もし汝、いわれなき恨みをかいて、他の者より呪われし時は、呪い返しの術にて身を守るがよい。

無垢の白き紙に霊文を書き、裏に汝の性別と数え年を記して、

〝おんばじらぎに　はらじはたや　そはか〟の呪文百回唱え、白き紙で作りし人形を包め。

かたく封をしたその霊符、汝の枕の方角にある川に流すがよい。

同じ呪い、相手に返されよう。ただし、帰る時にふり返ってはならぬ。

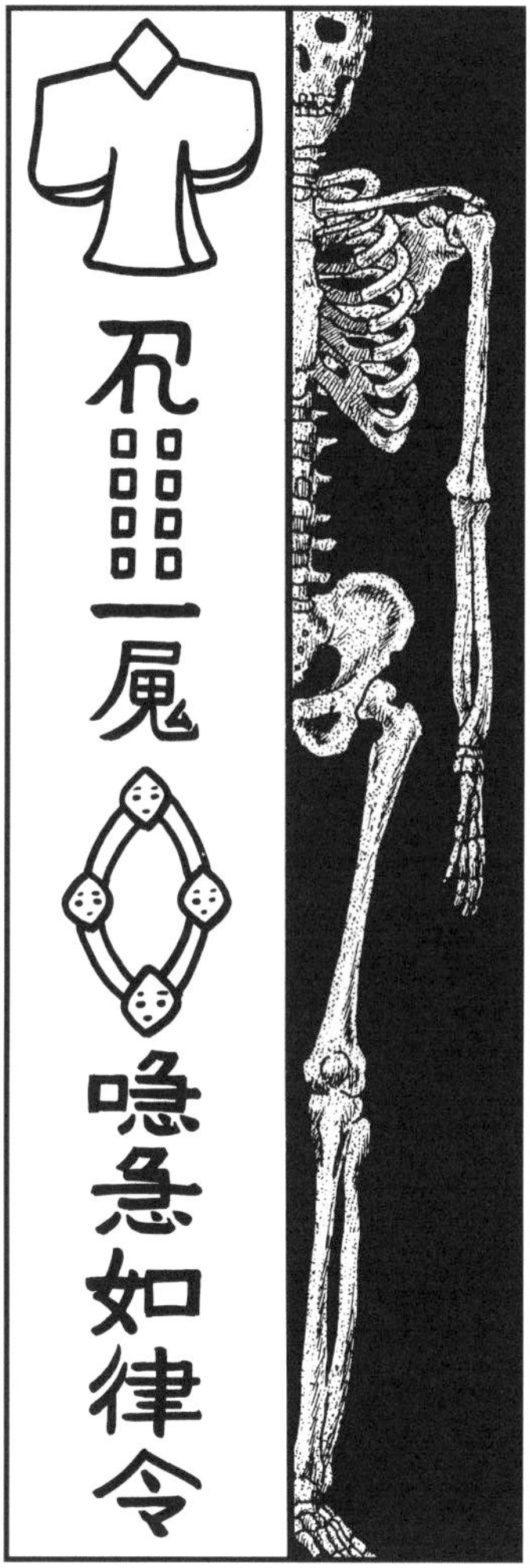

呪いがえしの魔術 7

スカラベの祈呪

かけられた呪いを解くⅠ

古代エジプトでは、かぶと虫は糞の玉を作ると東から西へ転がし、穴を掘って二十八日間埋める、そして、二十九日目に虫は玉を開いて、水中に投げると新しい神聖かぶと虫が現われるとされている。また、ミイラといっしょに埋葬されても次の世でふたたび生命を輝かせることのできる虫としてもあがめられている。葬られてもその生はけっして滅びることがないのである。

呪いをかけられ自らが葬られようとしているときには、次のようにするとよい。

紙粘土でかぶと虫の形を作り、充分乾燥させてから絵の具で青く塗り、その後ニスをかける。机の上に麻布を敷き、その上に白い紙を置いたら、かぶと虫をのせ、三日のあいだ、毎日一個の香を焚き、その煙のゆくえを眺めながら、呪いから逃れ、ふたたび平安な日々が戻ってくることを一心に祈るのである。

この魔術は七日、九日、十日、十二日、十四日、十六日、二十一日、二十四日、二十五日の太陽が昇っている時間内に行なう。日没後にはけっして行なってはならないとされている。もし、日没後の祈りになれば、呪いはさらにあなたの上に重くのしかかってくるであろう。

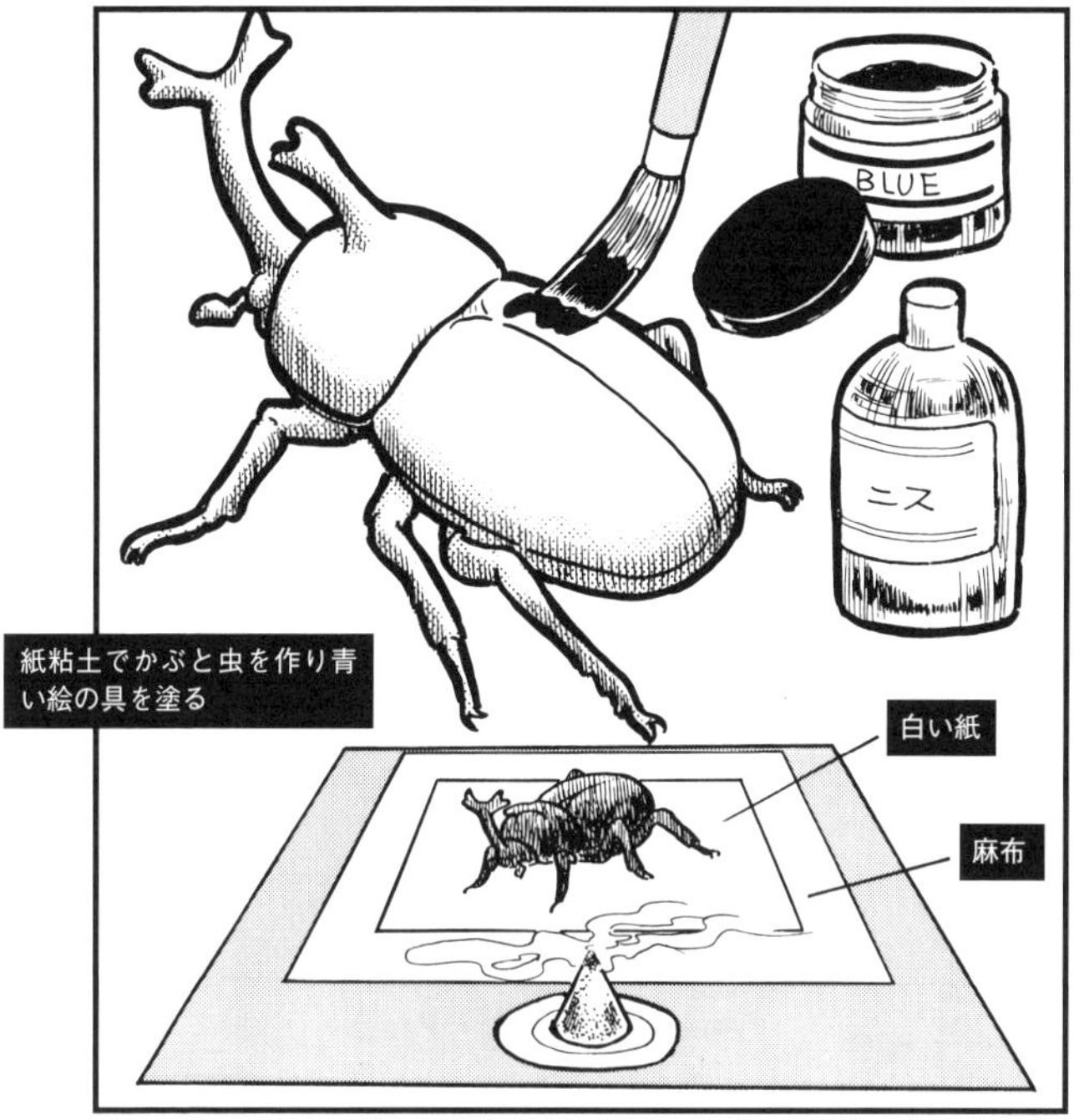

スカラベの祈呪

もし汝、
呪いをかけられ
往生しているのであれば、
不死の生命を宿す
スカラベに救いを求めよ。
紙粘土で作りしかぶと虫、
海の色に塗り仕上げる。
机上に麻布をひろげ
中央に白き紙を置いて、
かぶと虫をのせる。
三日の間、
香を焚き、
平安の日の戻ること、
一心に祈れば、呪い解けよう。

呪いがえしの魔術 8

呪解の秘法

かけられた呪いを解くII

呪いをかけられそれを解く場合には、まず相手は誰であるかということを知らなければならない。相手がわかったときには呪いの効力は、ほとんど失せているのであるから。そのうえで魔除けを施せば、相手がかけた呪いはすべて自分自身にはね返っていくのである。敵を呪わば穴ふたつ、である。

さて、相手がわかったら蹄鉄《ていてつ》を家のドアに下げ、さらに部屋の四隅に塩を盛った小皿を置いておくとよい。蹄鉄は魔女から身を守るものとして中世時代のイギリスの家庭ではよく戸口に下げておいたらしい。

これをはじめて作ったのは四世紀ごろのギリシャ人ということであるが、神聖な動物とされていた馬の蹄《ひづめ》を守るものとして霊力が宿っているとされた。もともとは大きな金槌で三本の釘を三回ずつ打って作られた。

この他に呪いを解く方法がもう一つある。それは相手の姓名を半紙に墨文字でしっかりと書き、名前の一字一字に一本ずつ釘を刺してから、それを抜き取り、跡形もなく燃やしてしまうという魔法である。いずれにしても、人には恨まれないようにするのが一番であるが……。

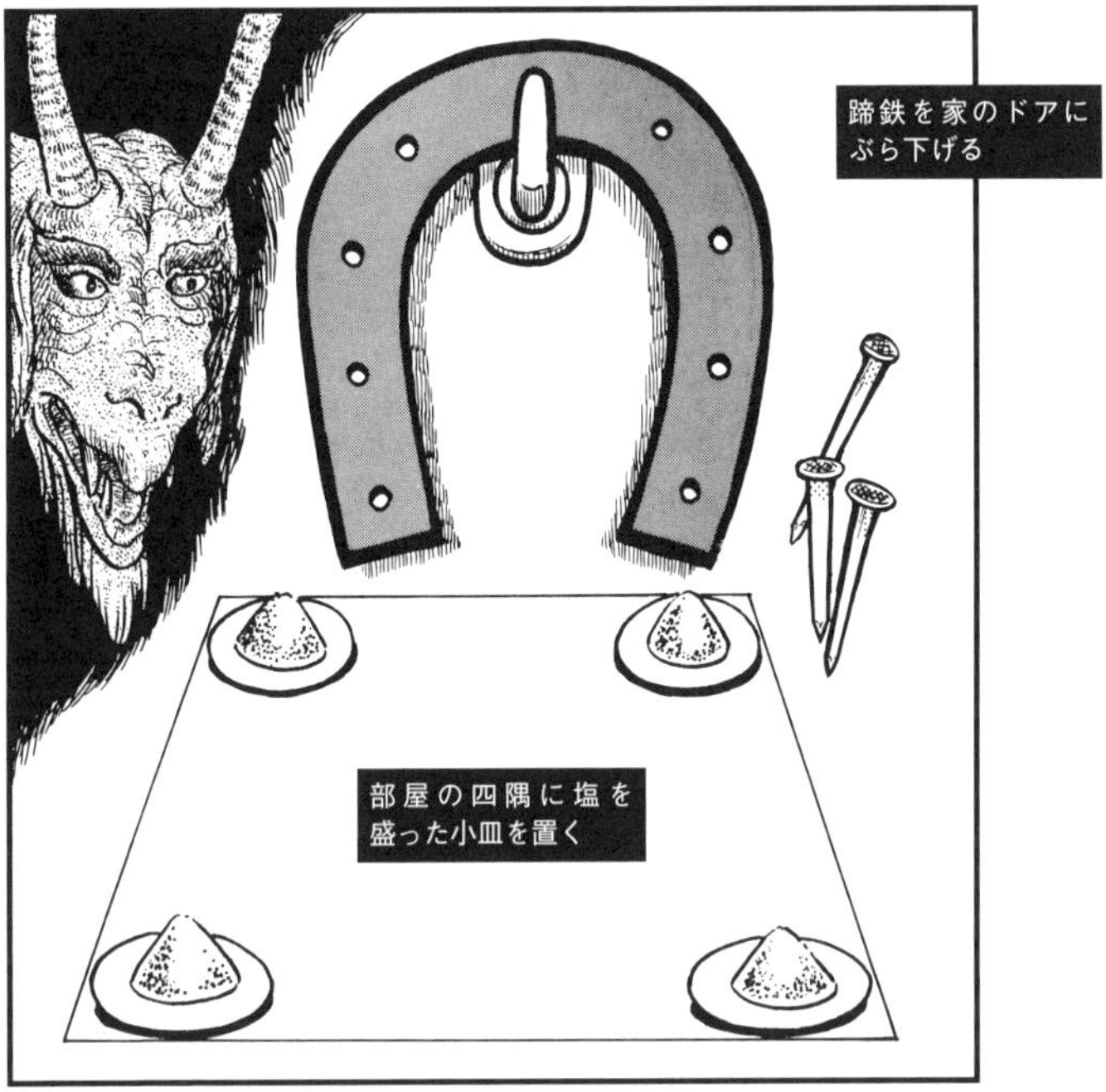
蹄鉄を家のドアにぶら下げる
部屋の四隅に塩を盛った小皿を置く

呪解の秘法

汝、
いずれの者かに呪いかけられし時、
その相手誰かを探せ。
姓名わかりし時には、
その呪力弱まるであろう。
しかるのち、
蹄鉄と塩の呪法（蹄鉄を扉に下げ、
部屋の四隅に塩を盛る）や
針刺文字の呪法（相手の姓名に針を
刺してから、燃やす）を用いて、
その呪い解くがよい。

白魔術Q&A——②

Q 魔法の効果が現われるのに何日くらいかかるか?

A それがどの願いごとかによって異なる。願いごとの内容がこみいっているような場合は、やはりある程度の期間が必要といえよう。しかし、だいたいのところ、月が誕生し満ちて欠けるまで、つまり二十八日くらいが成就の目安となる。そうそう早くは願いごとが達成できないのが現実だ。

Q 同じ魔法なら何度くり返してもよいのか?

A 同じ魔法を違うシチュエーションで何回も使う。これはもちろんかまわない。だが、少なくとも二カ月くらい間をあけてから行なってほしい。あまりに何回も連続して行なうと、魔法の力は希釈されてしまうし、行なう方も気迫が乏しくなってしまうからだ。

Q 魔法の最中、誰かに見られてしまったらどうなる?

A その種類にもよるが、「絶対に人に見られてはならない」と注釈があるものは、見られたとたんに無効となる。それ以外には別に害はない。ただし、黒魔術の方で、「人に見られてはならない」といわれているものを見られてしまった場合は、見られた方も見た方も一年以内にアクシデントに見舞われるだろう。

Q どうしても効果が現われないのはなぜか

A まず、やり方が違っていないか考えてみよう。魔法のなかには、高度なテクニックを要するものもあるからだ。また、半信半疑で行なっている場合、集中力の欠けている日に行なった場合、お酒に酔って行なった場合なども効果は期待できない。

Q 魔法実行中に体調を崩したら?

A 即座に中止し、しばらくのあいだ何も行なわないようにする。もちろん、ただ単に風邪をひいただけ、というような場合もあるだろうが、魔法実行中にコンディションを崩すというのはやはり危険な徴候である。

こういったことは、相手の不幸を願いながらやる、欲を出しすぎなど、心のなかに悪いエネルギーが充満した時におこりやすい。白魔術は基本的には、相手や自分の幸せを願いながらの魔法だということを忘れてはならない。

予兆事典

—付録—

【赤ん坊】

午前零時に生まれた子は幽霊を見やすい

欧米では古くから、生まれた子供が幸福で健康に育つようにという願いと、キリスト教の信仰がいっしょになった迷信が数多くある。

教会で行なわれる洗礼という儀式も、赤ん坊を悪魔の邪眼から保護し、災いがふりかからないようにするためだと信じられてきた。

そこで、洗礼式のプレゼントにはサンゴでできたお守りやベルが好まれた。サンゴは古代ローマ時代より邪眼を避けるものとして広く使われており、とくに赤いサンゴは、色が変わったりするとその赤ん坊が病気になる兆しだとされる。また、ベルはその音で悪魔が逃げていくからだという。

また出産のお祝いに、男の子にはブルー、女の子にはピンクの色の物を贈るという風習は、最近は日本でもよく知られているが、これは、男の子は青いキャベツから、女の子はピンクのバラから生まれてくるというヨーロッパの伝説がもとになっているようだ。ことに、ブルーは悪魔の嫌う色でもあるという。

そのほかに、赤ん坊に関する迷信では、夜中の十二時に生まれた子は、幽霊を見やすいだろう、とか、よい子は満月に生まれる、生まれてから一カ月のあいだに、赤ん坊はその人生をすべて夢のなかに見るなどという。

また、一歳にならないうちに髪を切ると、言語能力に支障をきたすというい伝えもある。

もしあなたの赤ん坊が出べそなら、家の南東の隅の地面にニワトリの卵を埋めておくとよい。その卵が腐ったとき、出べそも治るだろう——。そんな魔法も伝わっている。

【あくび】

大あくびはイヤな客の来訪を告げる兆し

古代の人びとは、口は人間の魂の出入り口で、最後の息によって魂が口から出ていってしまうとき、すなわちそれが「死」であると考えてきた。そのため、あくびをしたら、あわてて口を押さえて息が出てしまわないようにしたのだという。

中世に入ると、あくびは悪魔が行動するときに出るものと考えられるようになった。ヒンズー教徒は、あくびは危険の予兆であると信じ、あくびをしたあと必ず口の前で三回、指を大きく鳴らした。そうすれば悪魔を追い払い、神の救いを三倍に増やすことができるといわれていた。

スペインやフランスの地方でも、あくびをしたあとに十字を切るという風習が残っているという。やはり同じ考え方かららしい。

また、大あくびをすると、悪魔や悪霊の影響で、近々あまり好きでない知人や来てほしくない客が訪れることになるだろうといわれている。

【足】 左足からズボンをはくとその日はツイてない

右側には神が宿り、左側には悪魔が宿る——という信仰は古くからあり、歩き始めるときも右足からスタートし、靴や靴下をはくときも右足から入れるようにするとラッキーだといわれている。

逆に、左足からズボンをはくと、その日は何をやってもツイていない、とか、左足から家に入ると、その家は悪霊に悩まされることになるという。

また、足（もしくは足の裏）がかゆいのは、見知らぬ地を歩くようになるだろうという知らせだそうだ。

【家】 階段を上っていてつまずいたら結婚話が……

家に入るときは気をつけなければならない。たとえば、鍵を忘れて窓から入らなければならなくなったとき。窓から入ると、悪いことが起きる——といういい伝えがあるからだ。もし入ったら、必ず同じ窓から出ていくこと。そうしないと不幸に見舞われる。

また､引っ越しをしたとき金運に恵まれたいと思ったら、財布を家のなかに投げこむとよいそうだ。

家と金運に関するいい伝えには、もうひとつ、玄関マットの下に小さなコインを置いておき、それを最初に見つけたお客さんに富が約束されるというのもある。

それから、もし家の階段を上っていてつまずいたら、それは近々その家に結婚する人が出るという兆しだから、喜ぶべきであろう。逆に、夜、家の中でゴツンという音がするのを三回聞いたり、あるいは柳の杖がドアを三回なでる音を聞いたら、それは死のお告げとなる。

【犬】

鎖を鳴らして来たらその場所に宝物が……

犬は古くから人間に親しまれてきた動物である。未来を予知する能力があるとされ、また実際に、飼い主が殺されたり急死したりすると、その遺体のそばで吠えたりするというくらい、死を直感する習性をもつ。だから、犬が夜に遠吠えするのは、どこかで死人が出たことを予告しているのだといわれた。

日本では安産の守り神となっている犬だが、イギリスでは逆に、婚約した男女のあいだを犬が通りすぎると、結婚は破談になるか、結婚しても争いが絶えなくなる兆しとされ、縁起が悪いので、つばを吐きかけて悪運を払いのけるまじないをしたそうだ。また、鎖をガチャガチャ鳴らしながら犬が現れたら、その場所にお金が隠されているといういい伝えもある。

それから、もし、あなたの飼い犬が家にじっとしていないで困るときは、その犬の尻尾の先端を切り、裏口のドアの所に埋めておくとよい。出かけなくなるというまじないである。

【ウサギ】

試合の勝利を約束する後ろ足のお守り

ウサギは明るい月夜の晩に群れをなして活動するその姿から、月と深い関わりのある神の使いと思われていた。また、その後ろ足の力強いジャンプ力から、西洋では古来、ウサギの左の後ろ足を切って、幸運のお守りとして持ち歩く習慣があった。このような強い後ろ足をもっていれば、どんな悪魔や悪霊にも負けないと考えられたからである。

スポーツの試合では、選手たちはこのウサギの後ろ足のお守りにキスをして試合に臨むと勝利を得られるという。いまでも、ウサギの後ろ足をデザインしたキイ・ホルダーが売られているのはよく知られている。

【鏡】

もし割ったら七年間はいやなこと続き

鏡が割れるときというのはなにか不吉な感じがするものだが、欧米でもやはり、鏡を割ると、七年間は不運に見舞われるといって、悪い予兆とされている。

鏡はまた、呪いの道具としても使われ、そうした迷信も数多く残っている。

そのなかのひとつに、若い女性はあまり何度も鏡を見てはいけない——というものがある。それは鏡を見すぎると、後ろにいる悪魔も見てしまうからだという。

また、死者の出た家は、家じゅうの鏡に覆いをかけるという風習があるが、これは、死者の霊魂が鏡のなかに引きこまれて、なかなか天国へ旅することができないという迷信がもとになっている。

日本でも、妊婦が葬式に列席するときには、胎児に死者を見せると早死にするという迷信から、必ず鏡を身につけて出かけたというが、欧米でもこれと似て、生まれたての赤ん坊に鏡を見せると、一年以内に死ぬだろうといういい伝えがあるそうだ。

【髪の毛】 月が欠け始めるときに髪を切るとハゲる

白髪は、旧約聖書では長寿の印、永遠の象徴として尊敬された。

また、イギリスでは、腕が毛深い人は金持ちになるだろうが、髪の毛の量が多い人は頭が悪いとされた。ヨークシャー地方では、女性の髪の生え際が額のほうに近づいていると、未亡人になる兆しだといういい伝えもある。

髪の毛を切るときは、こんないい伝えを思いだしてほしい。少女が髪を切ると、慎み深さがなくなる。あるいはまた、月が満ち始めるときに髪を切ると早く伸びるが、欠け始めるときに切るとハゲてしまう、という迷信もある。また女性にとっては、生理のあいだはパーマがかかりにくいといういい伝えは、かなり一般的なもののようだ。

【元旦】 初訪問の客が男か女かでその年の運勢が……

欧米では、日本のように正月を賑やかに祝う習慣はないが、やはり、一年の計は元旦にあり——という考え方は共通のようだ。

たとえばイギリスでは、元旦に行なうことは、その年に一年じゅう続くものだと信じられてきたので、元旦に働いたり、女性の場合は洗濯したりすることは嫌われていた。

また、スコットランドの地方では、元旦の初訪問(十二月三十一日夜半から元旦にかけて)の客で、その年の一家の運勢がわかるとされた。それが男性であれば吉、女性だと凶、さらに黒い髪の男性であれば最良だが、金髪の男性ならあまりよくなく、赤毛の女性は不幸をもたらすといわれている。

アメリカのある地方では、日本の節分のときに似たもので、元旦になる何秒か前に、悪魔を追いだし神を迎えるために窓を開け放すという風習が残っているそうだ。そのほか西洋では、大晦日の日の午前零時に家の外から石灰のかけら、ほうき、あるいはシャベルなどを持って入ると縁起がいいといわれている。

そして、年が明けないうちは、新しいカレンダーをかけないほうがいいとされている。

【くしゃみ】日曜日のくしゃみは悪魔にご用心

くしゃみが止まらなくなる原因が現代のように解明されていないころ、古代の人びとはこれを不思議なものとして、大きな危険を告げる兆しだとか、死期が迫っているからだと信じていた。ヨーロッパでは、古くから、くしゃみをするとそばにいる人が「魂が逃げてしまいませんよう」と言って、おじぎをしたそうだ。


近代になっても、くしゃみにまつわるいい伝えは多く、日本でもよく、誰かがうわさしている――などという。欧米でもよく似たいい伝えで、女性が朝食の前にくしゃみをすると、午前中に友が訪ねてくる兆し、だとか、口の中にものを入れたままくしゃみをすると、二十四時間以内に誰かの死の通知を受けとることになるというのがある。

また、アメリカには「月曜日のくしゃみ、冗談まじり、火曜日のくしゃみ、誰かと会うよ、水曜日のくしゃみ、手紙をもらう、木曜日のくしゃみ、何かいいことありそうな、金曜日のくしゃみ、悲しくて、土曜日のくしゃみ、明日恋人に会う、日曜日のくしゃみ、その週は悪魔に支配され」という詩があるそうだ。

【靴と靴下】ヒモがほどけたら誰かがうわさしている

西洋では、柩の上に新しい靴をのせて死者を葬る習慣があったので、靴をテーブルにのせるのは死の前兆といわれた。現代では少し解釈が変わり、失業の兆しとされている。

また、なにか事業を始めようとしているときに靴ヒモがほどけると、縁起が悪いとされた。そうでない場合、左の靴ヒモなら、誰かがあなたの悪口を言っていて、右の靴ヒモなら、なにか良いことを言っている兆しである。

そのほか、黒と白の靴ヒモをそれぞれ左右に結んで野球をすると、幸運を招くといわれている。

靴のかかと、外側がすり減っている人は気まえがいいが、内側がすり減っている人は節約家である——といういい伝えもある。あなたの知りあいに当てはめて当たっているかどうか判断してほしい。

さて、靴下については、つぎのふたつのいい伝えがよく知られている——寝る前にその日一日はいていた靴下の匂いを嗅ぐと悪夢を見ないですむ。そして、ストッキングを裏返しにはくと縁起がいい。

【クリスマス】

幸運を願うミンチパイ

クリスマスがイエス・キリストの降誕祭であることは誰もが知っているだろう。もともとは「キリストのミサ」という意味のことばで、この日にキリストが生まれたという確証はないのだが、ペルシャのミトラ教の「太陽の誕生日」であることから、十二月二十五日が選ばれたという。

また、欧米では、クリスマスから十二日目の一月六日、三人の博士がベツレヘムにキリストを訪れた日であることから〝旧のクリスマス〟として祝う人びともいるそうだ。

アメリカのある地方では、この旧のクリスマスに生まれた男の子は大変に幸運で、動物のことばを使えると信じられてきた。

クリスマスには七面鳥がつきものだが、それ以外にも、リンゴや干しぶどう、ひき肉などを入れて作るミンチパイなどが用意された。ことにミンチパイは、これを食べないと、次の年は縁起が悪い、とか、クリスマスから元旦のあいだに食べたミンチパイの数が幸運な月を示す——といわれたくらい、欧米ではポピュラーな食べものであった。

【ゲーム】

エースと8のツーペアが来たら要注意

ゲームといえばやはりトランプについての迷信が多い。たとえば、ゲームの最中にカードを落とすと、運が落ちるとか、負けているときは椅子から立ちあがり、左から右へ自分の椅子のまわりを一周すると、太陽の力にあやかることができてツキが巡ってくるとか、自分の席の下にハンカチを敷いてその上に座ると、気分が変わってよい——などというものである。

また、ポーカーのゲームで、エースと8のツー・ペアの手をもつと、ツキが失くなるといわれている。

そのほか、スポーツのゲームでも、試合前に黒猫を見かけると必ず勝利をつかむ——などといったいい伝えがあった。ヨットやゴルフの試合には、つねにマスコットを持ち歩くとよいとされ、ことにヨットマンのあいだでは、テディベアが幸運の印とされている。

テニスでは、最初のサーブ・ボールがネットに当たってバウンドして戻ってきても拾ってはいけない。なぜなら、拾うとツキが落ちるからだそうである。

そして、もしあなたが車のレースに出場するなら、不運を招くとされている緑色の車にはぜったい乗らないほうがよいだろう。

【結婚式】

式の前日に猫がくしゃみするのを聞いたら……

一般に「ジューン・ブライド」すなわち六月の花嫁は幸福になる、といわれている。これは古代ローマ時代、女性と結婚の守護神ジュノーの祭礼が六月一日に催されたことに端を発しているそうだ。逆に、五月には、死者の霊を祀《まつ》る儀式が行なわれていたことから、五月に結婚すると、後悔することになるだろう——といういい伝えも生まれている。

イギリスには、何曜日に結婚式を挙げたらよいかというこんな古い詩がある。

「月曜日に式を挙げると健康で、火曜日は富む、水曜日はすべてに最高、木曜日は苦難となり、金曜日は損失、土曜日はまったくツイてない」

また、結婚式の当日が晴天であれば、太陽の光が子宝を授け、幸福な生活を約束してくれるという。もし、その前日に花嫁が猫がくしゃみするのを聞いたら、これもやはり幸福な結婚生活の暗示となるそうだ。

花嫁のウエディング・ドレスは、純潔の象徴である白がもっともよく、緑は縁起が悪い。また、花嫁は何か古いもの、何か新しいもの、何か人から借りたもの、そしてブルーのものをどこかに身につけるとよいとされている。過去(古いもの)、現在(借りたもの)、未来(新しいもの)、清純(ブルー)がひとつの絆に結ばれるからだという。

そのほか、結婚についてはこんないい伝えもある——誰かのウエディング・ドレスを一度試着すると、あなたは結婚できなくなる。

また、すでに結婚した女性のためには、つぎのふたつをお教えしよう。

台所仕事をしているときに包丁を落としたら、夫とけんかをする兆し。そして、夫のはき古した靴を戸口に埋めておくと、夫は決してあなたを踏みつけにしないだろう、というものだ。

【恋人】

剥いたリンゴの皮が恋人の名を暗示する

恋を占うやり方にはいくつかあるが、古くから、愛と生殖、美しさの象徴とされてきたリンゴを用いる場合が多かった。「愛してる、愛してない……」と言いながら、リンゴの種を数えていき、恋人の気持ちを知ろうとするやり方、あるいはまた、リンゴの皮を切れないように長く剥いていき、自分の左の肩越しに後ろに床に垂らして、その皮が床に描く形がアルファベットのどの字に一番似ているかによって、恋人の頭文字を当てるやり方などである。

また、エプロンにまつわる恋のいい伝えも多い。たとえば、エプロンが落ちたら、誰かがあなたのことを想っている兆し、とか、洗濯しているときにつけていたエプロンを濡らしたら、飲んだくれと結婚する兆しだといわれている。

恋愛中の人なら、紅茶やコーヒーを飲むときに気をつけたほうがよい。砂糖より先にクリームを入れると恋に邪魔が入るといわれているからだ。そして、もし手紙が行き違いになったら要注意。これは恋は終わりになるという暗示である。

もし、あなたが金持ちの男性と結婚したいなら、新月の晩に墓地へ行き、そのことを願いながら、墓にフォークを突き刺すとよいだろう。

【コイン】

ポケットの中の硬貨に望みを託して……

日本では、新しい財布を人に贈ったりするときに、金にご縁があるようにと、五円玉を入れておくのが一般的だが、欧米でも同様に、金が無くなることがないようにと、コインを一枚入れてプレゼントするそうだ。なかには、月を象徴する銀製の硬貨を入れておく人もいる。これは繁栄を運ぶ兆しとされているからだ。

また、イギリスのある地方では、結婚式のとき、花嫁が靴のなかに花婿からもらった硬貨を入れておくと、末永く幸福な結婚生活を送ることができるといわれている。

そして、もし望みを叶えたいと思ったら、新月あるいは満月を見ながら、ポケットのなかで銀貨を裏返すとよいそうだ。

【塩】こぼしたら近くに悪魔が来ている印

昔から、塩は神聖なものであり、悪魔を追い払い、災難や病気から身を守ってくれる力があると信じられてきた。そこで、ハンガリーなどでは、新しい家の入口に塩をふりまき、魔女や悪魔が家のなかに入りこまないようにする風習があった。

また、塩をこぼすと、悪魔がその近くにいる警告だと考え、すぐに右手で塩をひとつまみとって、左の肩越しにふりかけよ、というい伝えを実行した。西洋では、右側には神が左側には悪魔が棲んでいるという思想が浸透していたので、塩を左肩にかけることで、悪魔を追い払おうとしたのである。

塩はそのほか、友情、もてなしの証しとしても使われた。家を新築した友人のもとを訪れるときに、一箱の塩を持って行くとよいとされたのは、そうした意味あいと、塩で食料を保存し、より財産を残すようにという縁起かつぎからである。

【食器】食事中にフォークを床に落としたら……

ナイフやフォーク、あるいはスプーンといった食器にまつわるいい伝えには、しつけに由来すると思われるものが多い。たとえば、口の中でスプーンをひっくり返すと縁起が悪い、とか、二本のナイフをテーブルの上で交差させて置くと、不吉なことが起きる――などはその典型的なものだろう。

食事中、ナイフが床に落ちたら男性の、フォークなら女性の訪問客があるという兆しだそうだ。

また、食器ではないが、誰かにナイフを渡すときは刃を相手に向けて返すと、友情がこわれるといういい伝えもある。

【数字】 一つの火で三人が煙草をつける時はご用心

日本でも西洋でも、数字にはそれぞれ意味がこめられているようだ。たとえば、「二度あることは三度ある」という表現は東西共通のものだが、それは3という数字が、古来より〝完全数〟とみなされてきたからだという。

しかし逆に、一本の灯心から三本のロウソクに火をつけるキリスト教の葬式の儀式があることから、一本のマッチの火を三人で使うのは不吉だといういい伝えも生まれた。今でも、欧米では、一つのマッチやライターで三人が煙草に火をつけようとするときは、二人に火をつけたあといったん消して三人目にまた新たに火をつける、といった慣習が残っているそうだ。

また、7がラッキーセブンと呼ばれ、幸運を運ぶ数字、13が不吉な数字とみなされていることはあまりにも有名だ。それは、7が神を表わす「3」に自然を表わす「4」を加えてできたものであるから、とか、キリストの最後の晩餐のときテーブルについたのが十三人であったから、などとそれぞれ解釈されている。

ことに、13の場合、一つのテーブルで十三人が一度に食事をすると、そのなかの一人がその年の内に死ぬという迷信があり、そうした不吉な予言を避けるまじないとして、食事の前に全員が手をつないで立ち上がり、「ここにいるのは一人だけだ」というように示したという。

そのほか、5という数は、悪魔に対して強い効きめのある星形五角形《ペンタクル》に代表されるように、魔術に携わる者にとっては重要な数字である。

【月】 三日月を見たら最初に出会った人にキスを

古来、月には女神がいるとして崇められてきた。そして、月の満ち欠けは、人間の生と死に関わり、また、天候や農作物の収穫にも影響を与えると考えられてきたのだ。

月の満ち欠けにまつわるいい伝えは数多い。たとえば、イギリスでは、新月を見たら三回あるいは九回おじぎをすると幸運を手にするといわれた。一方で、望遠鏡で新月を見ると不運に見舞われる、とか、新月を初めに見たとき手になにも持っていないと幸運になれないから、そのときはポケットの中のコインを裏返すとよい、などといういい伝えもある。

また、アメリカのある地方では、三日月を見てから最初に出会った人にキスをすると、望むものがなんでも手に入るといわれている。

そのほか、満月のときに罹《かか》った病気は治りが早いとか、満月が欠けていく時期に結婚すると、子供ができない――といった迷信も伝わっているそうだ。

こんないい伝えもある――月明かりの晩に儲けたお金はトラブルのもと。

一般に、欧米では月光を不気味なものとしてとらえる傾向が強かったので、このようないい伝えや、〝狂気じみた《ルナティック》〟(長時間月を見ていると情緒が不安定になるといわれた)といったような言葉が生まれたらしい。

【釣り】

西風が吹くと大漁だが東風だと釣れない

古い英語の詩に、こんなものがあるそうだ。

「南風が吹くと、魚は口でくいつく。東風が吹けば、魚はちっともくいつかない。北風が吹いたら出かけていってはいけない。西風が吹いたら、魚は最高にくいつく」

また、月が満ちているとき、魚はもっともエサにくいつくという。そして、釣れた魚の数をかぞえたら、その日はもう釣れないそうだ。

日本でも、釣りをするときはウメボシを持っていってはいけない、という迷信がよく知られている。

【手】

左の手のひらがかゆいのは散財する前兆

手は、魔術的要素をもつものとされ、いまでも人前でなにか誓いをたてるとき、右手を上げて行なうことで真実の証しであるとする。

イギリスでは、大きくてぶ厚い手の持ち主は強くて勇敢だが、小さくてほっそりした手の持ち主は体も弱くて臆病である、という風に、手で性格を占ったりしたそうだ。

さらに、手がかゆいときも何かを暗示しているといわれ、右の手のひらがかゆいときはまもなく金が入るか手紙もしくは友人が来るかし、左の手のひらがかゆいときは金を払うようになる、右手がかゆいときは、誰かからプレゼントをもらう兆しだという。

また、もし手袋が道ばたに落ちていても、拾わない方がよいだろう。なぜなら、手袋は、挑戦の印として地面に投げるという伝統があったので、拾うと悪運をつかむことになるからだ。

【鳥】

塀の上でカラスが鳴いたら雨になる

鳥は天候の変化を予告したり、人の死を暗示したりする動物だといわれる。だから、鳴き方や飛び方が少しでもいつもと違うと、それは何かの兆しであると考えられたのだ。

カラスが塀の上で鳴くと雨がやむが、地面の上で鳴いているとまもなく雨が降る。白鳥が羽のなかに頭を埋めるようにして寝ていると嵐が来る前兆。鳩が窓わくに止まったら、死が近づいている兆し――などはその代表的なものといえる。

【名前】

同じ頭文字の相手と結婚すると破局が……

日本でも、赤ん坊の名前をつけるときは、姓名判断の本などを読んで、幸運を招く字画や名を選んだりするが、欧米でも同様に、姓か名のいずれか一方が七文字だと幸せになれるとか、十三文字の名前は不吉だから、もう一字加えた方がよい、といったような縁起をかつぐ。

また、結婚するときの相性としては、名前の頭文字が同じ相手とすると、その結婚は不幸になるという言い伝えがよく知られているようだ。

【猫】

あとをついて歩いてきたら金運に恵まれる

黒猫が自分の歩いている前を横切ると、悪いことが起こる前兆――といういい伝えは、現代でもよく信じられているが、これは、中世のころ、黒猫は魔女の手先であると考えられていたことに端を発するようだ。

しかし、猫がすべて悪魔の象徴のように思われていたわけではなく、灰色をした猫は幸運を呼ぶ、あるいはまた、猫があなたのあとをついてきたら、近くお金が入る兆し、といったようないい伝えももちろんある。

また、猫と天候を結びつけた解釈も多くなされ、いつもより人懐っこくじゃれると翌日は強い風が吹く、黒目が大きくなれば雨が降る――などといわれた。

もし猫の夢を見たら、それは偽りの友人を持つという知らせだから、気をつけた方がいいだろう。

【眠るとき】

新しいベッドで見た夢は正夢となる

夜眠れないときの方法として、日本でも「羊が一匹……」と数をかぞえるといいなどといわれているが、アメリカのある地方では、二千三百までかぞえ、それでも寝つけないときは、カラスが空に大きく輪を描いて飛んでいるところを想像するといい、といい伝えられている。

また、もし、あなたが翌日起こることすべてを夢に見たいと思うなら、寝る前に帽子の中に靴を入れ、それをベッドの足下に置けばよい。さらに、新しいベッド、あるいは新しい家で最初に見た夢は、実現するだろうといわれているから、そんな機会があったら覚えておくとおもしろい。

さて、夢に関わるお告げをここにいくつか記しておこう。

・死ぬ夢を三日間続けて見たら、まもなく家族の誰かに死が近づいている。
・卵の夢は、誰かがあなたのことで嘘を言っている。
・魚の夢は、まもなく子どもが生まれるという知らせ。
・山から転落する夢を見たら、翌日は不運続き。
・ヘビの夢を見たら、翌日、敵をつくる。
・歯が抜ける夢を見たら、親友を失う。
・泥のなかを歩いている夢を見たら、まもなく病気に罹る。

【歯】

あいだに隙間のある人は幸福な人生となる

ヨーロッパのある地方では、歯で人間判断をする習慣があったという。それによると、一般に、大きな歯の人は健全で、小さい歯の人は注意深い、また歯のあいだに隙間のある人は幸福な一生を送るそうだ。

日本では、反対に、前歯に隙間のある人は、若くして両親と死別するといういい伝えがある。

歯についての夢を見るのは、概して、あまりよい予兆とはいえないようだ。近いうちに悲しいできごとが起きる暗示だとされている。

【バースデイ・ケーキ】

女神アルテミスの誕生日に由来

バースデイ・ケーキはなぜ丸いのだろうか。それは古代ギリシャの時代、毎月の六日、月と狩猟の女神アルテミスの生まれた日を祝って人びとが捧げた、ハチミツ入りのケーキの形に由来するといわれる。

そのケーキは満月のように丸く、小さなロウソクが灯されていた。この儀式がやがて家庭にもちこまれ、子供の誕生日にロウソクをたてたバースデイ・ケーキを出す習慣が始まったのだ。

そして、いつからか、ケーキの上にあるロウソクを一息で消せば願いごとが叶う、といわれるようになったのだそうだ。

【鼻】 かゆくなったらまもなく酒宴を持つ印

古来より、鼻の形や大きさは、人間の性格に深い関わりをもつと信じられてきた。人相学では一般に、大きく段になっている鼻は聡明で、温和である、ぺちゃんこの鼻はうぬぼれで単純、うすく尖った鼻は嫉妬深くて決断力に欠け、上を向いた鼻は明るく活発である——といわれたそうだ。

また、鼻がかゆくなるのはなにかが起きる前兆であるとされた。イギリスのある地方では、来客の知らせ、また別のある地方では、近いうちに酒を飲む機会があるということを知らせているという。

さらに、イギリスでは、鼻血が一滴流れると死、もしくは重病を、三滴流れるともっと縁起の悪いことが起きることを意味するといって恐れられていた。しかし、女性が鼻血を出したときは、誰かを愛している印だといわれた。

【ハロウィーン】 ナッツで吉凶占い

十月三十一日の夜に行なわれるハロウィーンのお祭りは、いまでは日本でもかなりポピュラーなものとして知られるようになった。これはもともとは、古代ケルト民族のドルイド教徒の聖者の祭り、万聖節の前夜祭が起源となっている。

ケルト民族の暦では十一月一日が新年の元旦にあたる。したがってその前夜祭の十月三十一日の夜にはその年の死者がもどってきて、何に生まれ変わるかの審判がくだされると信じられてきた。また、この夜、あらゆる悪霊や魔女が集まって大饗宴を開くので、人びとはそうした魔物から身を守る意味をこめて、聖なる火をいくつも山の頂きに焚いたという。

これが、時代の流れとともに陽気なお祭りに姿を変えていき、シーツやお化けのお面を被って家々をまわる子供（悪魔や妖怪を象徴）、ロウソクを灯したカボチャの提灯（聖なるかがり火を象徴）などとして残ったようだ。

ケルト族にとって大晦日にあたるこの夜、人びとは新しい年の吉凶をリンゴやナッツで占ったという。

桶に水を張り、そのなかに数個のリンゴを入れる。首をつっこんでそれを取り、一番大きなリンゴをつかんだ者がもっとも大きな幸運をつかむことができるという占い。また、恋人同士が暖炉にそれぞれナッツを置いて、燃やす。それがきちんと並んで、すっかり灰になると二人は幸福な結婚ができる——という占いなどは、いまでもヨーロッパでは、ハロウィーンの晩に行なわれているそうだ。

【パン】

落としたときバターを塗った面が下だと……


パンは紀元前四千年の昔から古代エジプトで作られ、人びとの生命の糧《かて》となったといわれる。そして、イエス・キリストが最後の晩餐のとき、みずからの肉体になぞらえてパンをちぎって食べたことから、キリスト教では「聖なるパン」と呼んで、日曜日の礼拝時に細かく裂いたパンを会衆の一人一人に分け与えるようになったのだ。

この、愛と奉仕の精神、健康をもたらし、悪魔を寄せつけぬための聖餐の儀式が、パンにまつわる多くのいい伝えを生んだ。それには次のようなものがある。
・バターのついたパンを落としたとき、バターのほうが下だと、不運に見舞われ貧乏になる。
・パンを焼いていて耳まで焦がしてしまうと、日没前にカッとなるようなことが起きる。
・パンの耳を食べると早く髪が伸びる。

【病気】

鼻血は首の後ろに鍵を吊るすと止まる

その昔、病気は悪霊によるものと思われていたので、人びとは、そうした悪い霊を追い払うために、さまざまな儀式を行ない、また長年の経験から得た知識で、あらゆる動物・植物を使った薬を作って病気を治そうとした。

このような魔術的治療法には、いまでも民間療法として生き続けているもの、あるいは漢方薬の先駆的なものもあるようだ。

こうした治療法のいくつかを紹介しよう。

まず、風邪には砂糖で煮た赤タマネギが効く。また、おたふく風邪には、いちじくの葉かハコヤナギの葉で喉を包むとよい。熱を下げるのには、カエルの頭を粉にして飲んだり、すりつぶしたタマネギの湿布を腹、脇の下、足の裏、手のひらにするとよい。火傷をしたときは、生のじゃがいもをおろして練ったものを、のせておくと痛みがおさまる。

そのほか、おもしろいところでは、そばかすは、朝六時前にバターミルクで洗顔すると消える。しゃっくりを止めるには、舌をできるだけ突きだしてそのままで十数えること。また、鼻血を止めるには、首の後ろにドアの鍵を吊るすとよい——などがある。

治療法ではないが、他人の足跡をなぞって歩くと、三日間頭痛がする、といういい伝えもあるそうだ。

【ピン】

落ちているピンを拾わないとツキが逃げる

欧米では、友情を壊さぬためには、友人にヘアピンをあげてはならない、といういい伝えがある。

昔から、ピンをあげると友情にヒビが入るとされ、どうしても友人にピンを渡さねばならないときには、「これはあげるのではなくて、九十九年間貸してあげるのだから」と言えば、大丈夫だとされている。

また、古い詩では、ピンを見つけたら一日じゅう幸福に恵まれるから拾うこと、そのままにしておくと一日じゅう悪いことが起きるだろう、とうたわれている。

しかし、また別のいい伝えでは、道を歩いていて、落ちているピンの先端がその人の方向を向いていれば吉、反対向きであれば凶、となっているそうだ。

【ほうき】

ライバルの足もとで使うと威力を発揮する

ほうきは夜、魔女がそれに跨《またが》って空を飛ぶといわれていたので、昔から強い威力を発揮するものとして、床に投げつけたり、跨いだりしたらいけないといい伝えられてきた。

また、新しいほうきを買ったら配達してもらいなさい、ともいわれた。自分で運ぶと不運までいっしょに持ち帰ることになるそうだ。

それから、家を掃除するときには、くれぐれもドアからゴミを掃きださないこと、さもないと、幸運や金運もいっしょに出ていってしまう。

こんないい伝えもある。ライバルに仕事をさせまいと思ったら、その人の足もとでほうきを使うとよい。その人は少なくとも三年間は仕事ができなくなるだろう。

【ボタン】

拾って靴のなかに入れるとデートの誘いが

アメリカのある地方では、ボタンは幸せのシンボルとされていたそうだ。だから、その地方では、少女たちはボタンをたくさん集めてネックレスを作り、幸せをもたらし同時にまた記憶力をよくしてくれるお守りとして大切にしたという。

しかし、同じボタンでも、黒いものは魔法がかけられていて拾うと病気になるといわれ、敬遠された。

そのほか、欧米では、ボタンを見つけたら靴のなかに入れておくとよいとされた。そうすれば、その日のうちにデートの誘いがあるだろう、といういい伝えがあったからだ。

また、縫いものをしているときに、糸に結び目ができたり、こんがらがったりしたら、誰かがあなたのことを話している兆しである。

【耳】

左耳がほてるのは誰かに恨まれている兆し

耳か頬がほてるのは、誰かがうわさをしている印だというい伝えがある。それが右の耳なら愛、左の耳なら恨み。しかし、夜なら右耳でも左耳でもいいことがあるという。もし、左の耳だったら、すぐに三回十字を切ればよい。あなたを中傷する者は舌を噛むことになるだろう。

また、悪い知らせを耳にしなくても済むようにと、いくつかの魔法も生まれた。小指を使って唾液で十字架を描き、その指で耳をさわると悪魔から身を守ることができる、といういい伝えもそのひとつといえる。

【目】

右の目がかゆいときは誰かに愛されている

目は、愛情を伝える力をもっていると考えられてきた。そこで、誰かがあなたを愛しているときは、右の目がかゆくなるといういい伝えも生まれたようだ。

また、それとは別に、右の目がかゆくなると、その目の持ち主はまもなく泣くことになるだろうが、左の目がかゆければ、まもなく笑うことになるだろう——といういい方もされている。

もし、あなたが心に悩みをもっているなら、一本のマッチに火をつけ、その軸が半分まで燃えるのを右目で、残り半分が燃えつきるまでを左目で見つめるとよい。そうすれば悩みは消えていくはずだ。

【指】

反りかえった親指の持ち主は浪費癖がある

親指がかゆいときは誰かが訪ねてくる兆しであるとか、親指が反りかえっている人はお金がたまらない、といったような、なにかを暗示するときに親指はよく使われている。

小指を使ったこんなまじないがある。同時に二人で同じことを言ったら、互いの小指を組ませて願いごとをするとよい。その願いは叶えられるはずだ。

●参考文献　『英語の迷信』トミー植松・著（サイマル出版会）

◎新装版◎

禁書《きんしょ》 白《しろ》魔《ま》術《じゅつ》の秘《ひ》法《ほう》

編著者――――エミール・シェラザード

発行所――――株式会社 二見書房
東京都千代田区神田三崎町2-18-11
電話 03(3515)2311〔営業〕
03(3515)2313〔編集〕
振替 00170-4-2639

発行所――――株式会社 堀内印刷所

製 本――――株式会社 村上製本所

落丁・乱丁本はお取替えいたします。定価はカバーに表示してあります。

ISBN 978-4-576-06032-3
https://www.futami.co.jp

※本書はサラ・ブックスとして刊行されていた書籍の改装改訂版です。

二　見　書　房　の　本

Fairy Tale Fortune Cards

運命のルノルマンカード占い

リズ・ディーン＝著
鏡リュウジ＝監訳／宮田攝子＝訳

簡単でよく当たると評判の「ルノルマン占い」入門
カードの直観力 ＋ おとぎ話の想像力で
あなたの「未来」が見えてきます
ヨーロッパ伝統の秘法がよみがえりました

キキララ 恋のタロット占い

鏡リュウジ＝著

キキとララがたどりついた「タロット星」。
いったいここはどんな星なのでしょう?
さあ、あなたもふたりといっしょに
タロットの世界をのぞいてみましょう!

絶　賛　発　売　中　!